# 论语故事

（日）下村湖人 著

孔繁叶 译

长江出版传媒 长江文艺出版社

**图书在版编目（CIP）数据**

论语故事 /（日）下村湖人著；孔繁叶译. -- 武汉：
长江文艺出版社，2023.8
　（百读不厌的经典故事）
　ISBN 978-7-5702-3088-4

　Ⅰ．①论… Ⅱ．①下… ②孔… Ⅲ．①《论语》－青
少年读物 Ⅳ．①B222.2-49

中国国家版本馆 CIP 数据核字 (2023) 第 071918 号

论语故事

LUNYU GUSHI

责任编辑：张　贝　　　　　　　　责任校对：毛季慧
封面设计：一壹图书　　　　　　　责任印制：邱　莉　杨　帆

出版：长江出版传媒 | 长江文艺出版社

地址：武汉市雄楚大街 268 号　　　　邮编：430070
发行：长江文艺出版社
http://www.cjlap.com
印刷：武汉市首壹印务有限公司

开本：720 毫米×1000 毫米　　　1/16　　印张：12　　　　插页：4 页
版次：2023 年 8 月第 1 版　　　　2023 年 8 月第 1 次印刷
字数：149 千字

定价：32.00 元

富人子贡

子入太庙

在陈绝粮

子路问津

宰予昼寝

泰山其颓

# 序　言

　　《论语》既是一本"天书"也是一本"地书"。孔子一生都行走于大地之上，但是他说的却是来自上天的话语。虽然口述天言，但是孔子既非神秘之人，身上也没有宗教性的"神迹"，也就是说，孔子是以凡人之躯传授上天的教诲。

　　孔子的门生们也想学习孔子口说天言，但是最终他们却只能说出凡人之语。其中有些人甚至胆敢以凡人之语伪传天音，这也是孔子门生难以克服的弱点，而这种弱点也是凡人所共有的。我们都受到了孔子所传天言的教诲，与此同时，孔子门生的"凡人之言"也有许多值得我们反省的地方。

　　本人在阅读《论语》所记载的话语之时，不由得心生感动，产生了想把论语中的一个个小故事裁剪出来的想法，这也是我撰写本书的原意。当然，作为一介凡人，我想要准确无误地传达孔子所授天言的真意是不可能的。但是，通过发掘孔子门生的话语，以此来找出我自身的弱点和丑陋之处却并非不可能。

　　在我所描写的故事中，我会以随处可见的普通人的形象来描写两千多年前的孔子门生，因此，可能会对这些历史人物的形象有较大改动乃至损伤，对此，我只能对先贤们深表歉意了。

　　《论语》并非一部史书，而是一部"心之书"，它长存于人类心中，即便超越时空也会对我们产生影响，我们可以用现代人的意识阅读《论语》，以现代人的心理解剖《论语》，并且从《论语》的话语中发现我们的身影。我相信，上述这种基于现代人思维的解读，并非是对《论语》的亵渎。

《论语》共有四百九十九章，本书所引用的有一百三十章。但是本书的意图并非告诉读者这些章句是在何时、何处、何种情况下出现的。本书希望以某一章为中心来构成一篇小故事，对于适合引用到小故事中的原句，本人不会做任何考证。因此，想要以考据派的眼光来审视本书，是毫无意义的。

此外，本书的小故事之间并无内容上的联系，因此小故事的排序也没有固定的标准，读者完全可以把每个小故事都当成独立的内容来进行阅读。

孔子在称呼门徒的时候，可以喊名就绝不会喊他的字（比如说孔子称呼子贡为赐，称呼子路为由），但是本书不会在这种细节上如此缜密。本书在其他方面的描述也是如此，诸如起居、动作、习惯等，不少细节也可能会招致两千多年前中国古人的不满。但是我却并不会在意这些细枝末节，我认为，只要把"心"描写好就足够了。这里的"心"指的并不是历史人物的内心，而是我自身以及我周围普通人的内心。

1938 年 12 月 2 日

下村湖人

# 目 录

1

第七辑　孔子私家像

# 第一辑

## 子贡的故事

# 富人子贡

　　子贡挺起胸膛，深深吸了一口早晨清新的空气，悠然迈开大步。近来他官运亨通，财运发达。一想到这些，他就感到身心畅快，步子迈得更加轻快了。

　　但是，他又想到，老师屡屡这样赞美颜回："颜回是怎样地贤啊！住在破屋子里，只有一竹碗饭，一瓢水，别人都不堪烦忧，颜回却自得其乐。颜回是多么地有修为啊！"老师又说："颜回呀，距离得道不远了，可惜他屡在空泛中。端木赐不安本分，去囤积投机，猜测行情，竟每每猜对了。"

> 子曰："贤哉，回也！一箪食，一瓢饮，在陋巷，人不堪其忧，回也不改其乐。贤哉，回也！"（《论语·雍也》）
> 子曰："回也其庶乎，屡空。赐不受命，而货殖焉，亿则屡中。"（《论语·先进》）

　　子贡想：老师恐怕不大欣赏不能安守贫穷、喜欢靠经商发财的人吧。可是精通理财之道，通过正当的途径积聚财富，有什么不好呢？贫穷会让人身陷困境，而富裕说明有能力。经济上没有困难，才能一心一意追求学问。而且财富使人胆壮，与人相处显得落落大方。记得从前贫穷的时候，在别人面前就不能像现在这样心安理得。曾几何时，在贵人与长者面前，自己总是觉得怪尴尬的。虽然自己并不以贫穷为耻，也并不因此柔弱退缩、怀有自卑感，但在安于贫穷方面，自信绝不次于子路。之所以尴尬而不自在，是担心自己的举止给别人留下谄媚的印象。因为有这种担心——既怕表现出贪婪，又怕过于矜持——不知不觉之中举止就不自然了。如今回想起来，那副样子相当可笑；不过那是贫穷使然，又有什么办法呢。总之，谁也不会自甘贫穷吧！

他忽然举目环视了一下，自言自语道："无论如何，我未曾向任何人谄媚过，这是千真万确的事。就这一点而言，我敢自称有安贫乐道的德行。对此老师也不会有什么异议吧。"

一路边走边思考，子贡不知不觉来到了孔子的家门前。门外有三个年轻的弟子，举止恭谨，正准备进入大门。看到子贡来了，他们就停住了脚，好像在等着子贡。和数年前的子贡一样，三个弟子都相当贫寒。

子贡走过来之后，他们都很恭敬地向子贡致以弟子之礼。子贡也和他们一样，恭恭敬敬地还礼。大家互相揖让了一番，便按照年龄次序进门。不用说，子贡是其中的长者，可以算是前辈了。"老师曾经说：'贫而无怨难；富而无骄易。'我不同意富而无骄较贫而无怨容易做到；反之，我认为富而无骄更难做到。无论从哪一方面来说，我现在都能够做到富而无骄。就是说现在我正是富而无骄的好模范。"跨入大门的一瞬，子贡的内心暗自生出这种念头。

> 子曰："贫而无怨难，富而无骄易。"（《论语·宪问》）

当子贡进入大堂的时候，他的脸像沐浴着阳光一般光彩熠熠，连他也感觉到自己容光焕发。光线微暗的教室里，许多弟子正肃然静坐，他们苍白的面孔，仿佛微弱的星光，飘浮在子贡的眼底。可是当子贡看到孔子端坐在弟子们当中如同一颗神秘的恒星一般庄严时，他不禁有点慌张。子贡向孔子行过礼，找到自己的座位坐下来。与他一同进来的三个弟子，也在教室的角落，找到各自的位子坐下。

大家正在热烈讨论着"礼"的问题。看来讨论已经进行了一段时间，每个弟子的态度都很认真。今天大概是自由座谈的性质，孔子并不发表具体的意见，大多时候他只是倾听大家的见解。但是如果有谁的观点不正确，或者语言轻浮，孔子绝不会轻易放过。他的批评向来严格，不过严格里却饱含着温暖人心的慈爱。

在善于言辞方面，了贡在众弟子之中是名列前茅的。但今天他却意外地保持沉默，因为他没在听大家的议论，他心里正萌生着一个强烈的愿望：如何把他刚才在路上所想的事用最美妙的言辞讲述给大家。

"子贡你的意见怎样？"孔子把目光投向他说道。

突然听到孔子如此问他，子贡不禁愕然。但是既然孔子这样问了，他也不想错失这个好机会，而且当着众师兄弟的面，不发表自己的见解会丢面子的。他信心十足地认为，今天要提出来讨论的话题是自己亲身体验过的。此时，没经过孔子的指导，全靠自己得出的认识，能在孔子及许多同学面前发表，使他感到颇为得意。可是出于谦逊的考虑，他尽量控制着情绪回答说："等诸位讨论完了，我有另外的问题请教老师……"

孔子道："是吗？差不多了，也该换换话题了。"

子贡听了非常高兴。可是他并不急着发表意见。他想，不要让别人看到自己得意的样子。

"你想说什么呢？"孔子看着犹豫不决的子贡，从容地发问了。

在孔子再次问过之后，子贡才站起来，以他流利的口才说道："我近来对如何处身于贫富而怀有礼这个问题，结合自己的体验做了一番研究。我想贫而无谄、富而无骄是最理想的境界。如果能够做到这一点，我想这个人的修养已经近于完美。"

"嗯，这一点也正是我们刚才讨论的问题之一。那么，你是说你已经做到贫而无谄、富而无骄了？"

"那还要请老师和诸位同学指正。"

子贡脸上显露出充分的自信。他偷偷向一起进来的三个年轻弟子瞟了一眼。

"贫富两种境遇都亲自体验过的人，说起来的确只有你一个人。"孔子说道。

孔子的话好像在挖苦他。可是子贡深知孔子不会随便挖苦人，于是认为孔子是在委婉地褒奖他。

"贫而无谄、富而无骄，我都知道。"子贡胸有成竹地回答。

"不过——"孔子接着说，"对你，贫穷是一个大祸难！是不是？"孔子这一句话，声调格外沉重，仿佛鞭子抽过来，让人惊慌。

子贡一时间不知怎样回答才好。本来他在来的路上已经认定"贫穷本身就是罪恶"，可是一到孔子面前，听到孔子直截了当地这样发问，不知怎的，他却不敢把自己的意见说出来。

"从前贫困的时候，你为了不谄媚他人，品尝了不少痛苦。现在，你又为不骄于人而花费了不少苦心哩。"看着子贡语塞，孔子的语气也有所缓和。

"是的。我相信自己在不骄不谄这两方面做得还好……"

"的确很好。我刚才也这样讲过。不过，你如此努力，勉强做到不骄不谄，岂不是在你心里仍遗留着骄傲与谄媚？"

好像被刺入一把利刃似的，子贡聪敏的头脑一片混乱了。

孔子接着又说："当然，我不反对你的主张。可是你的认识还谈不上最高之境界。要想获得关于贫富的最高认识，必须有超越贫富的思想。你为了做到不谄不骄而煞费苦心，是因为你的心过分执着于贫富之故。

过分关心贫富，不知不觉之中自然以贫富为标准来衡量他人和自己。将贫富作为人生的价值取向，结果便产生了骄傲和自卑。因此，为了克服骄傲和自卑，不得不苦心用功。不是这样吗?"

子贡嗒（tà）然无语，只是木然听着孔子的训诫。

"那么，怎样才能够超越贫富的观念呢? 简单地说，应该把贫富委之天命，专心于乐道好礼才是。道，不是消极性的，也不是功利性的。所以它不会受到贫富及境遇的影响。为了乐道而求道，为了好礼而学礼，具有积极的求道心，才能在任何境遇之下虚心善处。颜回能够做到目前这样，真称得上是一个贤者。对于达到这种境界的人，贫而无谄，富而无骄，已经不是问题了。"

"老师，我明白了。"

与孔子的告诫相比，自己的见解多么浅薄，而将自己的浅识表述于众又是多么轻浮啊。懊悔和感激之情在子贡的心里翻腾着，他不禁垂下了头。大家也都沉默无声，静心领会孔子的训诫。

此时，外面不知什么人在吟诗，声音微微传入寂静的教室。子贡觉得众人似乎仍旧在注视着他，因而有些紧张。可是听到吟诗的声音，他的脑海里浮现出《诗经·卫风》里的诗句："如切如磋，如琢如磨。"

直到现在，他总是把这句诗解释为，一个人陶冶品格之难正如工匠雕刻象牙或珠玉之苦。当然，这种解释并非错误，但是子贡忽略了其中最重要的一点，那就是工匠的艺术心，也就是以工作为快乐，甚至在工作的劳苦中，也能感受到生命的跳动和喜悦。艺术并不是一种技术手段，同样，求道也并不是获求处世之术。正如工匠在工作时从艺术之中得到生命的喜悦一样，求道的人通过虚心求索一样可以得到顿悟的快乐。子贡忽然明白，直到今天，从工匠磨琢切磋玉石的劳苦中仅仅得到有苦无乐的教训，是非常肤浅的。

这样想着，子贡不禁抬起头，将喜悦的目光投向孔子。同时，这首诗像流淌的清泉般，自然地从他的口中吟咏出来。在这个时候，子贡已经没有时间顾虑过去的愚昧，现在他由于得到新的启发而兴奋不已。吟罢，子贡镇定地说："老师刚才所说明的，不就是这首诗的精神么？"

孔子脸上流露出满意的微笑，说道："子贡，你说得很好。这样才够得上和我一起谈诗哩！诗的心，是非常深奥的。所以，除非具有不屈不挠的精神，否则一个人很难获得诗的真髓。你，好像能够做到这一点。"

> 子贡曰："贫而无谄，富而无骄，何如？"子曰："可也；未若贫而乐，富而好礼者也。"
>
> 子贡曰："《诗》云：'如切如磋，如琢如磨'，其斯之谓与？"
> 子曰："赐也，始可与言《诗》已矣，告诸往而知来者。"（《论语·学而》）

孔子的夸奖使子贡异常开心，差一点要以满脸得意的神情环视大家了，可是他又勉强把这个念头压制住了。

# 瑚琏

"子贱真是君子!"孔子如此称赞子贱的德行。

子贱的年纪较子贡小十八岁。他最近受命管理鲁国的单文县,每天唯弹琴鼓瑟取乐,并不过问政务,单文县却百业俱兴,呈现出一片繁荣景象。巫马期是子贱的前任,据说过去他管理单文县的时候,天还没亮就升堂问事,直到繁星满天才回去休息,可是并不能像子贱治理得那样好。

因此,有一天巫马期问子贱:"你的秘诀究竟在哪儿?"

"我只注意到怎样去用人,而你却什么事都自己去做,落得事倍功半。"子贱这样回答他。

这件事传到了孔子那里，孔子听了心里非常高兴，他觉得子贱虽然年轻，却能够以德政治理老百姓，并且已经做到任人而放逸，达到无为而治的境地。

但是子贡听着孔子当着他的面大加称赞年轻的子贱，心里却不痛快。子贡甚至觉得孔子是在有意奚落自己。

"我已经四十多岁了，却从来没有得到像老师对子贱那么热烈的称赞。直到今天，老师给我的训诫还远远比嘉奖多哩。"

想到这里，子贡心里充满无限的悲伤，不知不觉陷入了沉思中。从青年时期到现在，他从孔子那里所领受到的那些教诲，不禁盘旋在他的脑海中。

记得有一次他向孔子说："我不愿别人加在我身上的事，我也不把它加到别人身上。"

孔子听了便直截了当地说："子贡，这完全是仁的功夫，还不是你所能做得到的哩!"

> 子贡曰："我不欲人之加诸我也，吾亦欲无加诸人。"子曰："赐也，非尔所及也。"（《论语·公冶长》）

回想起当时的情形，子贡的心里仍会不禁燃起了一股怨愤的火。

又有一次，孔子问他："学业方面，你自信能胜过颜回吗?"平常当着众弟子，孔子就多次说子贡的聪明不及颜回。现在又这样问，将自己与颜回相提并论，这使子贡不免起了奢望。可是这种问题，却很难直截了当地回答，当然不能说："我相信我能胜过他!"虽然实在有满肚子的不服气，忍不住想要哼一声，可是他怎么敢说?因为这样就违背了谦虚的美德，不是等于连老师也不放在眼里了吗?虽然孔子有时教诲子贡："当仁，不让于师。"可是现在情形不尽相同，不能如此理解。虽然子贡心中很是不满，却不得不遵守谦让的美德，小心地回答："我哪里敢和颜回相比呢？我不过听一知二，可是颜回能够听一而知十啊。"

孔子好像预先知道他的回答似的，说道："当然，你远不如颜回。我和你都不如他。"子贡心想，孔子这样说，好比只夸他做的饺子皮好，却嫌馅包得太少。子贡懊丧极了。

> 子谓子贡曰："女与回也孰愈？"对曰："赐也何敢望回？回也闻一以知十，赐也闻一以知二。"子曰："弗如也；吾与女弗如也。"
> （《论语·公治长》）

但是，在子贡的记忆里，这还不算最让他难受的，最让他不愉快的莫过于另一件事。有一天他和几个同学正在兴高采烈地批评别人的过失，不凑巧被孔子听到了，孔子毫不留情地训斥他："子贡，你太聪明了吧！要是我，就没有那么多无聊的时间去批评人家的过错。"

> 子贡方人。子曰："赐也贤乎哉？夫我则不暇。"（《论语·宪问》）

可是，在子贡看来，倒是孔子最喜欢批评别人哩。别的弟子在批评他人的时候，他都会加以评论。子贡愤愤不平地想："为什么老师独独不肯放过我，还要说那么多挖苦的话呢？也许他认为我是一个口舌之徒吧。"这不禁又使他想起，有一次孔子将他和宰予两人称作"雄辩家"。"雄辩家"的称呼听起来似乎很好，可是仔细揣摩一下，子贡发现，那并不是赞美的意思。因为宰予是个众所周知的懒虫，更是喜欢说谎的虚伪者，称得上名副其实的口舌之徒；把他和自己相提并论，是多么难以忍受的侮辱！子贡一边回忆这些往事，一边听着孔子称赞子贱"君子哉若人"，这更加使他坐立不安。

"应该乘这个机会，问问老师对我的评价如何。我跟随他这么久了，他一定会赏识我的人品。"——这样想着，子贡更加不自在了。

孔子好像没有注意到子贡的局促不安，他抚摸着胡须，眼睛看着别处自言自语地说："子贱能够达到今天的境界，实在是由于鲁国有很多的贤人君子，以其高尚的举止直接或间接地影响了他，成就了他的德行与人品之故。子贱能够在鲁国得到启发，于尊贤取友之中，完善自己的品德，真是幸运的事。"

> 子谓子贱，"君子哉若人！鲁无君子者，斯焉取斯？"（《论语·公冶长》）

听到孔子这么说，子贡的精神又振作起来，他从老师的话里找到了有利于自己的评价——他虽然是卫国人，可是在孔门当中他是子贱的前辈，为了指导子贱，身为师兄的子贡，也费了不少工夫与苦心。因此，孔子提到指导子贱的贤人君子的时候，他自然认为自己也包括在内。不过在没有得到孔子的肯定之前，他还不敢抱有太大的信心。子贡自负在德行方面不逊于子贱，既然孔子屡次称赞身为后辈的子贱，说不定还留着更多的赞美给他子贡呢。虽然子贡的心仍是焦虑的，但他的自负心又慢慢地膨胀了。于是，他问孔子："那您如何评价我呢？"

话一说出口，子贡立刻感到忐忑不安。不知孔子会说什么，但是，他怕孔子会责备他太拘泥于自我、太在意别人对自己的评价。

可是孔子很平静，他简单地答道："你，算是盛东西的器皿吧。"

子贡觉得非常意外。"器"这个字，孔子评价别人时，时常用来比喻一个人的才识。而"器"并不属于对顶好人才的评价，只不过属于"才子"，即只要有一项技能便可以。"君子不器。"——孔子如此训诲弟子，意为君子已经超越"器"的界限，达到了"不器"的境地。孔子用"器"这个字来评价他的人品，这当然使子贡感到失落。

而且，此时孔子的平静如常好像在说他的评论是公允的。

子贡茫然失措。一方面深感羞愧，一方面心中又涌起莫名的愤恨，他简直要从孔子面前撤身跑开了。可是，他又觉得就这样抱头鼠窜，无疑会使自己显得更加狼狈。处于进退两难中的他，脸上露出极端的紧张与不安，不知该如何是好，只能呆呆地望着孔子。

孔子仍旧平静地坐着，沉默的气氛笼罩了四周。

子贡终于忍不住内心的痛苦，挺起上身讷讷问道："'器'？我属于哪——哪一种'器'？"

孔子好像刚刚发觉子贡的紧张和激动，他皱了皱眉头。可是转瞬，孔子微笑了，他想了一会儿，静静地答道："瑚琏也。"

> 子贡问曰："赐也何如？"子曰："女，器也。"曰："何器也？"
> 曰："瑚琏也。"（《论语·公冶长》）

瑚琏是祭祀宗庙时盛放祭礼的祭器。上面镶嵌着珠玉，很是豪华，在各种器物里是最贵重的。

"瑚琏——瑚琏——"子贡在心里默念了几遍，联想起宗庙祭坛上，宝色灿然的祭器。"器中之器——人才中的人才——国之重臣。"子贡的联想越来越美妙。他幻想着，在一片绚丽的光彩中，自己身着华贵之服，高高地站在宗庙之上，从容自若地指挥着文武百官。这样想着，他那消沉的脸渐渐地明朗起来。

"瑚琏是大器。它虽然是宝贵的大器，但无论如何，器，只是器而已。"孔子一直在观察子贡的反应，这时候，他强调说。

突然受到新的打击，子贡不禁全身都战栗了，脸上瞬间又浮现出苍白的颜色。

"子贡，最要紧的是，要忘记自我，要研究如何摆脱自我的欲念。受拘于自我观念的人，不能称为君子。君子之所以能够活用别人的知识，以成就自己的美德，不过是因为他能够忘却自我的缘故。聪明的人一味夸耀自己的才识，只想靠自己的才能谋生，虽然对社会有所贡献，可是毕竟只能使自己有用，而不能使别人有用，所以这一类的人，就好像是器物呢。"想来有一段时间了吧，孔子没有像今天这样谆谆教导弟子了。
"而且……"孔子接着说道，"后辈是值得敬畏的。他们正值勉力求学的
时期，精力充沛，怎知不会被他们赶上？"停了一会儿又说，"不过，到
了四十、五十的年龄，还是默默无闻，在德业方面没有什么特殊表现的
人，这人的将来总是有限的！"因为激动，孔子的声音有些发颤。

> 子曰："后生可畏，焉知来者之不如今也？四十、五十而无闻
> 焉，斯亦不足畏也已。"（《论语·子罕》）

子贡像是掉了魂似的，无精打采地站起身，用手蒙着脸，呜咽起来。
这时，孔子的双眼也含着亮晶晶的泪珠。

# 第二辑

## 子路的故事

# 子路强辩

子路当过季氏的家臣，一时相当得势，每逢有人请他帮忙，他都痛快地答应，以老大哥的气派提携了许多友人。子羔便是在他的帮助下当上费邑长官的。

在季氏的领地之中，费邑被公认为是最难治理的一邑。甚至像闵子骞那样优秀的人才，在担任费邑长官的时候，也难以将它治理得足够好。子羔尚是一个未经世事的毛头小伙子，虽然他的人品和修养都不错，但是由于年纪太轻，在才识与经验方面都有所欠缺，此外，在观察力、领悟力方面，他也比较迟钝，因此，无论从什么角度来看，子羔实在难以胜任费邑宰一职。

孔子听说这件事情后，非常烦恼。孔子私下里对弟子说："子路做事不加考虑，简直到了鲁莽的地步。如果用人不慎重的话，就很难有清明的政治。而且，对于子羔，他的处境也是可怜的。也许子羔会因为做官而感到高兴，但是，他的前途可能由此毁于一旦。安分守己才是他明智的选择啊！"

子路做梦也想不到孔子会非难他，相反，他满心高兴，还准备找个机会再提拔一个孔门弟子做官呢。他认为这样才是推广孔子思想最有效的办法，以为老师也会称许。

有一天，他满心得意地拜访孔子，报告提携子羔的经过。出乎他意料，孔子只说了一句："这是害了别人的儿子。"孔子说完后直直地注视着子路。

子路狼狈极了。虽然在孔子的弟子当中，他是最常受到孔子叱责的一个，可是还未曾像今天这样当头挨上一棒。他眨眨眼睛，疑惑地想，也许孔子误会他了。

"老师，我保子羔为费邑长官。"他尽可能慢地、一字一顿地复述了一遍。

"我知道。"孔子连眉头也不动，依旧板着面孔，瞪视着子路。

子路更加疑惑了，他觉得孔子的态度有些异常。但他根本不认为提拔子羔是错误的。因此，他稍稍低下头又说："又有一位同学能够获得官职，在政治上推广我们的主张——仁道，我想这是一件值得高兴的事。"

"害人子弟，哪里叫作仁道？"孔子的视线仍旧凝然不动。

直到这时子路才发觉情形不对了，他终于明白孔子正是对他所说的事感到不高兴。但是子路有一个缺点，他不能轻易正视自己的过失、马上低头认错。并且最使他感到痛苦的，是被老师指责不能明察子羔的资质、保举了一个鲁钝的人。因此，他辩解说："我并不是没有识别人才的能力，子羔的人品和能力，我知道得很清楚。可是明知他的水平一般，仍予以提拔，其中是有原因的。"为了让孔子考虑到这一点，他紧接着又说，"我只是希望更多的同学能担任官职，这样您的主张才能被广为贯彻。而且，子羔本人也想担任官职，难道您的意思是我帮助子羔满足了他的愿望反而是害了他吗？您的意思是这样吗？"

"你不认为如此吗？"孔子的态度仍是严厉的。

"当然，我也想过，可能对子羔有点儿吃力……"

"不是有点儿啊，他的学识还远远不够。"

"所以我希望他从实际的经验中求得学问。"

"从实际经验中？"

"是的。不能说只有读书才可以叫作学问吧？您不是说过'有民人焉，有社稷焉，何必读书，然后为学'吗？"子路乘这个机会，背诵了孔子时常向弟子说的一句话。

孔子听了并不回答，依旧皱着眉头，只是把他的视线从子路身上移开。子路根本顾不上仔细观察孔子的表情，好不容易避开了孔子的目光，他感到轻松多了。仿佛一下子来了灵感似的，子路的言辞又变得流畅起来。

"费邑有很多事情需要治理。如何管理百姓和祭祀神灵，这些实际经验是比什么都好的活生生的学问。我常常听到老师说，真正的学问应该和实际的经验相配合。尤其像子羔这一类的人，反正读书方面比较吃力，不如早一点让他们从实务方面开始学习。担任政府官职的人因为每日需要批示大量的文件，职责所在，就不得不去学习实务方面的道理了。"

子路侃侃而谈，他自以为能够运用孔子的言论作为自己强辩的依据、发挥他个人的主张，故而颇为得意。他等着孔子的回答。

但是孔子仍然看着别处，一句话也不说。

孔子的不置一词使子路暗自庆幸，他认为他的雄辩切中了要害，使老师陷于窘迫的状态。他虽然觉得应该设法补救这种场面，但是又不知从何着手。于是他只好木然地站着。

又过了一会儿，孔子的沉默渐渐使子路感到害怕了。就像暴风雨来临之前的平静，孔子的这种沉默后面往往跟着的是严厉的批评。他偷偷窥视了一会儿孔子的面容，在逼人的沉默中，暗暗地开始了自我反省。

"我刚才向老师说过的话是由衷之言，还是仅仅为了争胜而强辩呢？"他不得不这样自问自答，"保举子羔为官对他的将来没有一点好处，这一点，不用老师指责，我也知道得很清楚。那么，既然如此，我到底为了谁而保举他呢？当然也不是为了费邑的人民。既然不是为了子羔自己，也不是为了费邑的话——"

他想到这里，再也不好意思面对孔子。他惶惑地想，无论如何得找一个机会溜走。然而天性刚毅的他一旦反省起来，就惭愧得无以复加。

这时候，孔子的脸转过来了，对子路而言，这无异是当头一棒。但是孔子的声音却是那样沉静："一个人仅仅言之凿凿，我不会立刻相信他。因为只听他的言论，不能立刻断定他是不是真正有道德的人。我们应该注意到，有些人，虽然嘴上说着堂堂皇皇的理论，而内心却暗藏着许多恶行。为了自己一人的好处，害了他人的前途便是一例。像这一类的人，自有他们一套漂亮的道理。所以我……"说到这里，孔子的声音骤然严厉，"我最痛恨这种狡猾善辩的人。"

> 子路使子羔为费宰。子曰："贼夫人之子。"
> 子路曰："有民人焉，有社稷焉，何必读书，然后为学？"
> 子曰："是故恶夫佞者。"（《论语·先进》）

最后这句话仿佛惊雷轰顶一样，子路在恍惚间与孔子拜辞了。

听说，自从这件事以后，子路才明白从实践中获得道理的真谛。

# 子疾病，子路请祷

　　一向精神饱满的子路，这两天却显得无精打采。现在，他独自一人靠在坐椅上，闷闷不乐地沉思着。

　　自从孔子卧病以来，子路一直不离左右，日夜守护在病床前。一个月来，孔子的病情一直不见好转，近两三天衰弱得更加厉害，昨天晚上甚至出现了相当危急的情状。

　　"这样下去，老师恐怕……"子路不敢再想下去，他呆呆地坐在那里，显得一点精神也没有。

　　过了一会儿，子路起身来到隔壁房间，不安地来回踱步。从病室里，不时传来弟子们的微微低语，可是这声音，在子路听来像梦呓一般虚幻。他感到自己的精神已经快要崩溃了，似乎马上就会与疲惫的身体分离。

　　"我要永远追随老师。"子路暗暗地下了这样的决心。想到生死，他感触犹新——他曾经向孔子询问关于生死的问题，孔子回答说："未知生，焉知死？"

　　可是在现在的他看来，生死是什么已经无关紧要，只要死后还有另外一个世界，那么他情愿继续追随老师。

　　"说不定明天就要陪伴着老师到那遥远而茫然的世界……"想到这里，子路居然沾沾自喜起来。

可是转瞬之间，高兴又变成了自责："怎么搞的，我竟然在想老师的死？"

像是要赶走心中的恶念似的，子路把自己的双手放在胸前，然后一动不动地站着，侧耳倾听病室里的动静。

病室里安静极了，一点声音也听不到。子路轻轻叹了口气，围着椅子兜了几个圈子，重又陷入了恍惚的思绪中。

"一定要想办法使老师康复！"子路生来激烈的个性在身体里苏醒了。他急促地来回走着，在地上踩出橐橐的脚步声。可是，任他怎么苦苦思索，也找不出一种救治老师的方法。

"看来，老师的病是人力无法救治的了！"他喟然长叹一声，无力地坐到椅子里。他觉得自责是无济于事的，而且，现在他连自责的力气都没有了。

"到了这个地步，只有向鬼神祈祷了。"这样想着，子路的心更加悲痛了。

可是如果向鬼神祈祷，是否违背老师的训诫呢？记得有一次，他曾经向孔子询问死亡及祭祀鬼神的问题，孔子回答说："未能事人，焉能事鬼？"从此以后他严遵教诲，再没有徒然寻求鬼神的庇护与保佑。

季路问事鬼神．子曰："未能事人，焉能事鬼？"曰："敢问死．"曰："未知生，焉知死？"（《论语·先进》）

"现在要祷告鬼神，求老师早日康复不也是愚昧的吗？"子路苦着脸，翻来覆去地想着。

不久，他找到了安慰自己的理由——他认为这次不是为自己而是为老师祈求鬼神，这样自己的罪愆就会小些。如果孔子的生命幸而获救，祈求鬼神所蒙受的耻辱也就微不足道了。子路甚至觉得，哪怕因此而被孔子驱逐，自己也不会感到遗憾。

怀着这种复杂的感情，子路又在室内徘徊了一会儿。最后，他终于坚定地迈出房门，没有和任何人打招呼，自己悄悄地走了。过了一会儿，同学们惊讶地发现，向来最热心看护老师的子路竟然不见踪影。这使大家感到迷惑不解。

过了几个时辰后，子路才终于再次出现，不过他的举止却甚是异常。只见子路手里拿着一本书，慌慌张张地跑到孔子的病榻前，不等立稳脚跟，便气喘吁吁地对孔子说："老师，我求您准许我一件事。"

"什么事？"孔子微微张开紧闭的眼睛，温和地说。

"我想拜拜鬼神，以祈求老师的病能够早一点康复。"

"先王之道里有祈祷鬼神之事吗？"孔子的语气还是那么平静、温和。

"有，有啊！老师所编纂的《周礼》，上面就有这样的记载。'诔曰：祷尔于上下神祇。'"子路急切地回答道，并且一面说一面把书翻开，拿给孔子看。

孔子微笑了。然而，他什么也不说，重又静静地闭上了眼睛。

"老师！"子路叫了一声，继续急切地说道，"老实讲，我知道这样做会被老师责骂，因此我才决心一个人偷偷去做祷告。可是因为不晓得祷告的方法，我就去找些书来查阅，结果意外地发现了这句话。我想，这种做法既然古已有之，我又何必偷偷祷告呢？所以，我特地回来，请求获得老师的准许。老师，让我为您的病祈祷吧！为了老师的健康，为了弟子的前程，并且为天下的众生。"

孔子猛地睁大了眼睛。那炯炯有神的目光，使人难以相信他是垂危的病人。他对着子路凝视了片刻，说道："用不着你替我祈祷，我早就为自己祷告着呢。"

> 子疾病，子路请祷。子曰："有诸？"子路对曰："有之；《诔》曰：'祷尔于上下神祇。'"子曰："丘之祷久矣。"（《论语·述而》）

"老师在为自己祷告？"子路吃了一惊，把脸更近地凑向病榻。

别的弟子也惊讶地注视着孔子。

"是啊，我已经连续祈祷几十年了。"孔子肯定地说。

"几十年？"

"难道你们至今都不知道我在做祷告吗？"

学生们不禁面面相觑。

孔子好像叹息似的深深吐了一口气，闭上了双眼。沉默了片刻，孔子又问子路："你认为祈祷时要做些什么事？"

"就是，向诸神把自己的愿望说出来。"子路吞吞吐吐地说出自己的想法。

不等子路说完，孔子便打断了子路的话，睁大眼睛说："愿望？嗯，是什么愿望？"

"……"子路踌躇着，不敢遽然将自己的想法说出来。因为他发现，孔子的问话意味深长，好像将对话提升到了另一个未知的境地。

孔子语重心长地说："祈祷本身，应该是超越个人情欲的。克服私情和欲念，符合天地神明之心，这才是真正的祈愿，是不是？"

子路像段木头似的站在那里，一句话也说不出来。

"希望你们能真正明白，我绝不否认天地神明。正是因为崇拜诸神，遵照神意，我才持续不断地修身，把自己的一生用于祷告。你手上的书中所记载的关于祈祷的话也只有这样解释，才能具有深刻的意义。"

"老师，我很惭愧，由于我的浅薄，给老师又添了很多烦恼。"

"不，不，活到老学到老。你能够这样关心我，我是多么高兴啊！你的这种苦心，也可以算是近乎道了。也可以说，这就是求道的原动力。可是，千万不要为了想救治我的肉体，却害了我的灵魂。我希望我的思想能永远鲜活，并由于宣扬先王之道而获得永生！"

孔子说着将目光投向高处，他深邃的目光，既像在追溯遥远的过去，又像在探索无穷的未来。子路和其他弟子，被一种未曾体验过的感动所支配，在庄严肃穆的气氛中，都合上了眼睛，静静地跪下来。

"哦！就是现在，大家也真正拥有祈祷的心了。要为我而祷告，就得有现在这样纯洁的心境……好了，我有点儿累了，想睡一会儿。大家也该休息休息了。"

说也奇怪，孔子的病第二天奇迹般地好转了。

几年之后，子路在卫国的内乱中不幸罹难时，孔子已经是七十多岁的高龄，事不可测，命不可知，年迈的孔子反而为子路流了不少眼泪。

第三辑
孔子在鲁国

# 子入太庙

有一年，鲁国举行太庙的祭典，由于历年主持祭典的主祭官害病，必须临时请一位精通礼乐的人来代替他。

太庙是纪念鲁始祖周公旦的庙宇，太庙的祭典是鲁国最盛大的祭典，而且仪式也繁杂无比。若是不精通礼乐，连助祭的工作也难以胜任。由于除了卧病在床的那位主祭官之外，没有一个人曾经担任过这种工作，因此只好从没有实际经验的人当中挑选一位主祭者。宫廷经过多次甄选，最后选中了孔子。

孔子当时虽然只有三十六七岁，但门下已有许多弟子，他的学识与德行也早已闻名远近。尤其是"礼"方面的成就，更被举荐的人形容为举世无双。虽然各方面对他的期待都很高，可是由于他年纪尚轻，难免有些人对他的能力还抱着不信任的态度。尤其是那些多年来在太庙服务的祭官，在嫉妒心的驱使下，竟四下搬弄口舌。

不久，祭典的筹备工作开始了。那一天，是孔子有生以来第一次进入太庙。那些对孔子怀有各种感想的祭官都瞪大了眼睛，时时刻刻注意着这位新主祭的一举一动。

使他们感到意外和惊讶的是，孔子一进到太庙，立即向各部门的祭官请教，从每一种祭器的名称和用途，到举行仪式时的各种礼节，无不细加询问，可以说是打破砂锅璺到底了。

"多么差劲啊！像他这样对祭祀如此生疏，岂不等于一个不懂事的五六岁小孩吗？"

"可见社会上的评议是靠不住的。"

"哼，我早就料到他是个骗子。连做官的本领也没有的人，却招募了许多弟子，摆出学者的架子来，这种人真是狂妄无知。"

"像我们常年在太庙服务的祭官，也未必能够记得住那么繁杂的仪式，一个年轻的土包子，怎么能够轻易学得来呢？像这种事，上方应该预先看得出来才对……"

"上方的失察真令人失望！"

"到时候，总会有报应的。不过，这次不会有我们的责任，即使出现了什么差错，都不关我们的事啊！"

"那当然。他的胆大妄为也真够令人吃惊的，他真是来主持祭祀的吗？"

"这事除了他自己，谁晓得底细？为什么连这样简单的事也要东问西问，却不觉得羞耻呢？"

"不但没有羞耻感，而且从他的表情看来，他似乎还认为这是理所当然的呢。"

"他那么认真地请教我们，我们就不好意思取笑他了。不但不好意思取笑他，反而把我们所知道的都教给了他，现在想想真是糟糕。"

"就是嘛！大家都倒霉。教他的人反而要当他的下属、受他的指挥！"

"唉，人老了就没有用啦！"

"是谁说这个鄹县毛头小子懂得礼？你看他进到太庙里，什么都问，事事请教，真是开玩笑。"

"事已至此，多说也没有用。还是赶快向这位礼乐权威领教新花样，找些机会升官吧！"

"嗯。对，对。这样不是更聪明吗？哈哈哈！"

在孔子的背后，嗡嗡作响着这些失望、嘲笑或愤慨的言论。难道孔子丝毫没有觉察吗？然而孔子的神色却是平静的。在将所有的事务询问一遍后，他就向太庙里的官员恭敬地致谢，退出了太庙。

在人们议论纷纷的时候，最为不安的莫过于孔子的推荐人了。他之所以推荐孔子，乃是出于对孔子的能力的信赖，另外也参考了孔子的弟子对老师的评价。现在，他听说了太庙里的情况后，便马上去找子路。因为这位推荐人不好意思直接询问孔子，这时他认为能够坦白商量的人中，最适当的人就是子路。

听推荐人诉说完他的疑虑后，子路放声大笑道："请大人宽心，绝对不会给您添麻烦的……不过嘛，老师也未免太仔细了，何必要做出这种谨小慎微的样子让大家疑惑不已呢……那么，我陪您到老师家去。我也有些想法，想当面向老师坦诉，听听他的意见。这样，您也可以更放心一些。"

于是，他俩便马上动身前往孔子住处。

子路一见孔子，几乎忘了揖让，只顾急匆匆说出来意。然后大声诘问似的说："对老师在太庙里的做法，我真是不明白——老师难道不应该利用这个机会，堂堂皇皇表现您的才识吗？您为什么反而故意做些会被他人嘲笑的举动呢？为什么故意让他们抓到把柄来怀疑您、打击您呢？"

"表现我的才识？"孔子毫不动容地反问道。

"是啊，老师那么高深的学问难道不应该向世人显露吗？"

"哦，我是知道一些关于礼的知识。然而，礼的精神是什么？"

"老师教过我们的是……敬。"

"对呀。那么，你是说我今天应该为了宣扬礼的知识而忘了敬，是这样吗？"

子路的舌头好像忽然打了结似的，讷讷不能成语。

接下去孔子又说："我今天的所作所为正是在宣扬礼呀。"

> 子入太庙，每事问。或曰："孰谓鄹人之子知礼乎？入太庙，每事问。"子闻之，曰："是礼也。"（《论语·八佾》）

看着子路一脸的茫然，孔子微微停顿了一下，说道："一旦受命主持太庙的祭典，我们应该恭恭敬敬才是。我这样认真地请教大家，是因为晚辈不能对前辈缺少敬意，并且我也希望了解前人所用过的方法。我没有想到，连你也不能领会我的用心。"说着，孔子微微闭了眼，静思片刻后又说道，"你说说，你所认为的我应该宣扬的学问是什么呢？"

"我原来认为您今天应该向太庙里的诸位宣扬一下礼的知识。"子路犹疑地说。

"礼吗？我从来没有像今天这样，如此全神贯注地表现了礼的精神哩。"

"那么，老师在太庙里，每一件事物都要请教周围的人，是真的吗？"

"是真的。关于先前的一切，我都向他们请教过了。"

"我不知道老师这样做有什么用意。"

"子路，你到底认为'礼'是什么？"

"就是——就是老师平常向我们讲过的……"

"是坐立进退的规矩？"

"是的。可是……"

"你也问过'学问有什么用处'，是吗？"

"是的。"

"你现在已经十分了解学问的重要性了吗？"

"是的，老师。"

"不过，在研究学问的态度上，你好像并没有真正掌握好。"

"您是说……"

"今天，你又不经思考、轻率地跑到这里来，不是吗？"

经孔子这么一问，子路才发觉自己的行为确实有些唐突，他不禁有些慌张了。这时孔子语重心长地说："研究学问时，学习和思索是两件必须具备的要素。只学习而不思索，就不能把握思想的中心，因而不会研究出什么结果来。正如在一片漆黑的暗室中摸索，只能摸到屋柱和门扇一样，不能从各种事物当中求出真义。"孔子看了一眼垂目静听的子路，又接着说，"今天，我也有需要反省的地方。本来，礼是始于敬、终于和，然而，我今天请教诸位祭司，反而使他们感到不悦，也许在我的言行当中，还有不合于礼的地方吧。关于这一点，我认为应该好好反省才对。"

子曰："学而不思则罔，思而不学则殆。"（《论语·为政》）

子路越来越紧张了。孔子的推荐人也在孔子说完这番话之后，感到不胜羞惭，惶恐地拜辞了。

现在，只有孔子和子路两人对坐，房间里一时寂静无声。孔子端然坐着，闭目静思。良久，好像想起了什么似的向子路说："子路，刚才我说你还不具备求学问的基础，是因为你在思考时缺少虔敬。"

不待子路开口，孔子紧接着说："道，是一以贯之的。若有虔敬的心，决不会轻率地判断事物，也不会不懂装懂、自欺欺人。"

"我从来没有做过自欺欺人的事……"子路有点儿不服气地插嘴说。

"刚才你带推荐人来的时候，脸上透着什么都知道的神色。你自以为，关于礼的事，以及我在太庙的表现，你都是一清二楚的。"孔子也还年轻，他的话里，不由流露出辛辣的挖苦味儿。

"那完全是我的误会。"

"误会？对了，人都会有误会的时候。如果这是虔敬之心所起的误会，那是值得宽恕的。可是，万一它是由夸大的欲望所引起的误会，那再也不是误会，而是虚伪哩。那是对自己的不诚实啊！也是使人变得无知的最大原因。你还没有真正理解这个道理。因此，尽管你比谁都害怕无知，但是你的知识却没有长进。"

孔子用更加严厉的口气说："我这样说你明白吗？要以虔敬的心认真反省，知道就是知道，不知道就是不知道，这种不欺骗自己、不欺骗他人的至纯的心，才能使知识长进。"

> 子曰："由！诲女知之乎！知之为知之，不知为不知，是知也。"（《论语·为政》）

说着，孔子的面容渐渐变得慈祥起来，他用慈爱的眼睛望着垂头丧气的子路，继续说道："总之，知识不是用来夸示于人，而是促使生命上进的原动力。真正的知，是靠谦逊的心才能取得的，我希望你永久牢记这一点。只要你能够牢记这一点，我就没有什么话讲了。从今以后，你只要把你的勇气——人人都公认你所具有的这种勇气——用来压制你心中不虔敬的敌人；把你的勇气用来实践谦恭虔敬就好了。谦逊的勇气，恭敬的勇气——那是何等响亮的名称啊！一提起这些话，便好像有个深远、明朗而健全的世界展开在我的眼前哩！"

子路的眼里，这时已经蓄满亮晶晶的泪珠。

子路拜辞以后，孔子又久久陷于沉思的状态中。

过了一天，在太庙祭祀周公的仪式中，孔子对向来不合于仪礼的地方不断加以纠正，并且弥补了许多向来所忽略的地方，整天谨严地指挥着祭祀官们。

# 子语鲁大师乐

鲁国的乐长从礼堂回到自己的休息室，脱掉不舒适的大礼服，泄气地躺到椅子里。他想要镇定自己激动的情绪，勉强从苍白而富于艺术家气质的脸上挤出一丝笑容；又把双脚搁到桌子上，故意装出不检束的模样。然而，无论怎么做，都清静不了他那乱糟糟的心。

奏乐的失败，连这次已经是第三次了，想起这事，他的心里一阵酸楚。

说来也奇怪，这些痛心的失败，都是在孔子成为他的上司、坐在司空的位子上以后才发生的。和所有前任司空不同，孔子非常爱护部下，很少对人发脾气。可是不知为什么，一到奏乐的时候，他的神经就不知不觉地紧张起来，手指僵直，无法灵活地演奏。乐长深知孔子是精通音乐的人，所以绝对不敢在孔子面前敷衍行事。可是连他自己也料想不到，在演奏时他的手指居然根本不听使唤。

"虽然孔子在乐理方面比我懂得多，但是若论奏乐的技巧，还是我比他内行。"直到现在，乐长依然抱有这种自信。可是，为什么一到演奏的时候便屡次失败呢？一想到这个事实，他就不禁恼羞交集。

他不断地埋怨自己的无能，痛苦地把手指插进头发里，将脸俯伏在桌子上。渐渐地，他的苦痛和自责转变为对孔子的埋怨。仿佛由梦中惊醒，他蓦然抬起头来，然后，好像要赶走心里的邪念似的，双手不断在胸前挥动。

忽然他的脑海里掠过一道光线，这光线不是别的，正是孔子的眼睛里所闪动着的光；是像湖水一般沉静，轻轻微笑着的孔子的眼神。他忽然想到了什么似的站了起来。

"对了，就是那一双眼睛。"他在心中惊叫。

"一见到那双眼睛，我就感到喉咙干燥、手指僵直，今天的确也是如此。演奏时我的指法紊乱，正是在我的视线和孔子的视线相遇以后才发生的。"

他在室内来回踱着，不断地思索着。

"岂有此理，难道孔子的两只眼睛竟能左右我演奏的情绪？"

他愤愤地往窗外吐了一口痰，将目光投向高高的天空。可是使他惶惑不已的是，在那蔚蓝的深处，他再一次看到了孔子的眼睛——仍然是一双含着微笑且目光深邃的眼睛。

"的确是那双眼睛。"他自言自语着，呆呆瞪视着蔚蓝的天空。

"司空大人请您去。"一个小童不知什么时候来到他身后，向他传达孔子的命令。神经过敏的乐长被电击中一般，猛地从椅子里惊跳起来，走到桌边，慌慌张张地整理了一下服装。

他几乎是在神思恍惚的状态下来到孔子房前的。直到走进静穆的室内，看到端然而坐的孔子，他才恢复了清醒，同时也猜测到孔子召唤他的原因。

奇怪的是，在这种肃穆的气氛中，他不再感到慌张和畏缩，反而体会到一种镇定。当他的目光与孔子的目光相遇，他心中再次念道："对呀，就是这双眼睛。"

孔子请乐长就坐，并调整了一下身体，以一种比较轻松的姿势对着乐长说道："怎样，你反省过没有？"

孔子不提今天演奏的事，问话直指问题的核心，这使乐长一时窘于回答。

"你有这样熟练的技巧，而且那么认真努力，却连续三次演奏失败，你的心里一定有所缺失。难道你自己感觉不到吗？"

"惭愧得很，我也不知道究竟为什么。"

"想过没有？"

"有，有的。接二连三地失败了，我也不得不寻找原因。"

"也许你还不能明白地指出其中的原因，可是总会想到些什么吧？"

"有，不过，那好像过于荒唐。"

"不见得很荒唐吧。坦白地说给我听听怎样？"

"但是……"

"你还不敢坦白地说吗？不过你不说我也已经知道了。"

"哦？"

"不客气地说，你还有邪心。"

突然受到这样的指责，乐长非常惊骇。他猜想孔子已经看出，他刚才起了埋怨孔子的念头。

可是孔子一点也没有在意他的强烈反应，依旧从容不迫地说："诗也好，乐也好，一言以蔽之，都应做到'思无邪'。只要心里不存邪念，即使缺乏技巧，仍能写出纯正的诗，奏出真诚的音乐。你的技巧虽高，可惜的是，你还没体会到这种真理。"

> 子曰："《诗》三百，一言以蔽之，曰'思无邪'。"（《论语·为政》）

乐长再也忍耐不住，他说："先生，老实地讲，因为演奏失败情绪不佳，我确曾无端萌生了埋怨您的念头。我认为这是极端可耻的事。可是我决不认为自己在奏乐时有任何邪心。当时，我只想尽我的能力演奏，免得又一次失败。"

"嗯……那么为什么又奏错了呢?"

"只是由于一点点小事……"

"嗯?"

"一和先生的视线相遇,我的手马上慌乱起来了。"

"嗯。那么,是因为我的眼里有邪的影子,是不是?"

"不,不。先生的眼睛,永远像湖水一般清澈。"

"真的如此吗?"

"决不是恭维话。"

"如果是真心话,那么该是你的眼神有问题啰……"

乐长难以接受孔子的推论,他以不服气的口吻说:"难道因此,您便认定我有邪心……"

"乐长!"孔子猛然提高了音量,恢复到端正的姿势,眼睛直瞪着乐长的脸说,"再仔细探究一下自己的心底吧。"

乐长再也坐不住了,他不自觉地站了起来,木呆呆地立在那儿。孔子接着说道:"奏乐时,你是不是常常偷看我的脸色?"

乐长无法否认这点,只好点头承认。可是在心里,他绝不认为那是邪心的缘故。

孔子用稍为和缓一些的语气说:"你在奏乐时还要偷窥我的脸色,这就是邪心。在演奏中,你始终在揣度我对你的态度,所以我的存在成为你奏乐时最大的障碍。虽然你没有清楚地意识到,但是你的心却为此而分神,使你的精神不能完全沉浸于音乐之中。这就是你失败的原因,你未曾这样想过吗?"

孔子的一番话,使乐长如芒刺在背,他的面颊浮现出悔愧的红潮。

孔子再次请他坐下,犹如对待推心置腹的朋友似的,耐心地对他说:

"音乐的演奏是有一定秩序的，也是可以被通晓的。开始时，激扬振作，然后是纯一和谐、清晰明亮、连绵不绝，这样到结束。"

> 子语鲁大师乐，曰："乐其可知也：始作，翕如也；从之，纯如也，皦如也，绎如也，以成。"（《论语·八佾》）

看到乐长眼里的困惑少了些，孔子接着说："音乐的境地是如一的世界，在那里，没有丝毫的对立意识。首先乐队里的每一个演奏者的手、心和乐器合而为一，犹如一个统一的机体，蓄势待发；等时机成熟之后，乐器振动奏出和谐的音乐，五音六律交汇流动，如五味之相济而后和，始终浑然如一。但五音六律，又各自保持金音、石音等音色，音质不相混乱，音节分明，决不互相冲消抵毁，这就是音律合而不乱的完美境界。真正的音乐，乐音如贯珠相继不绝，像大河奔流，贯彻始终，在音乐的奔流当中，使人体会到永远与瞬间之一致。因此，在和谐的演奏中，奏乐者与听乐者是不可区分的，如果两者不能合为一体，便不是真正的音乐。至于在演奏时一心表现技巧，或者互相比较奏乐的技巧，或者对于音乐用内行外行来区分，像这样一类人，绝不可能认识到音乐的真谛。"

倾听着孔子精妙的音乐理论，乐长如饮甘浆，心旷神怡。可是，当听到孔子最后一句话时，他的心忽然疼痛起来，这时他才明白孔子的指责是正确的。

"我深深感谢您的教诲。从今以后，我不但会在技能方面更加努力，同时也会在修养方面不断精进。"

乐长由衷地向孔子道谢，躬身行礼后退出房子。直到他的脚步声渐渐消失于远处，孔子依然思考着："通过今天这番谈话，他的音乐今后也许慢慢会接近纯正。可是，他恐怕并不了解我的音乐理论也正是我的人生哲学。但是不必性急，总有一天，他会发现音乐和人生的本质，因为他是一个认真而有作为的人。"

# 孟懿子问孝

　　季孙、叔孙、孟孙，都是桓公的后裔，时人称他们为"三桓"。在鲁国，三桓世袭鲁大夫，各自私蓄财产，后来日渐骄横，以至于结伙篡夺政权，将国君放逐到偏远的地方。对他们的倒行逆施，人民无不痛恨。

　　有一个阶段，孔子曾经得到鲁定公的重任，官职由中都宰而至司空，最后做到大司寇，掌握国政大权。这个时期，孔子曾努力削减三桓的势力，先后镇压了叔、孟两家；但是在与季氏的斗争中，终告于失败。并且，定公在齐国的引诱下，与季氏同流合污，耽溺于美色和宴乐，也渐渐疏远了孔子。失望之下，孔子辞去鲁国的官职，开始周游列国。

　　现在我们要讲的，是孔子做官之后不久的事。

　　有一天孟懿子来拜访孔子，请教孝行的意义。孟懿子即前面提到的孟孙氏。他的父亲孟僖子临终前，曾把孟懿子叫到枕边，盛赞当时还很年轻的孔子的学识和品德，嘱咐孟懿子一定要追随孔子成就学业。孟懿子听从父亲的遗训，和弟弟南宫敬叔一起受业于孔子。然而孟懿子的求学态度并不认真，常常不能领会孔子的教导。现在，他之所以前来请教孝的问题，是因为孟懿子认为，祭祀父亲，与其说为了表达对先人的怀念，还不如借此铺张祭祀，以炫耀其显赫的权势。

　　孔子对孟孙氏最近将在家庙举行祭祀的事早有耳闻，孟懿子在这种时候前来问孝，孔子自然清楚其用意何在。因而孔子简单地回答："不要违逆。"

听了孔子的回答，孟懿子便没有再问什么就告辞了。孟懿子离开之后，孔子的心里一直感到不安，他不知道孟懿子是否真的理解自己的话。

"如果孟孙氏祭祀家庙，有了僭越礼教之事，那么，这不但是孟孙氏一家的问题，而且更是鲁国的重大问题，足以紊乱天下之道义。而且，万一他向别人言称，这次祭祀是请教过我之后才举行的，那么我素来的礼教主张将会被破坏无遗。我只有向大家表明观点，使他们都了解我的意思才行。但是在孟懿子自己提到这件事之前，我若先言及孟孙氏即将举行的祭典，那将是无礼的事。这件事情怎么办更好呢？"

孔子为这件事日夜忧虑，反复思考都不能找到良策，只好静静等候机会。

有一天，樊迟陪伴孔子驾车出游。樊迟是孔子的年轻弟子之一，由于他精通武艺，颇得孟懿子的宠爱，经常出入孟孙氏家。孔子想：也许他可以把我的意思明白地传达给孟懿子。

"前几天，久不见面的孟懿子突然来访，向我征询孝的问题。"孔子对正在驾车的樊迟说。

"是——"樊迟心思正放在驾车上，简单地应了一声。

"我只回答，无违。"

"是——"樊迟对孔子说的话根本摸不着头脑。如果"无违"解释为不违背父母的话，孟懿子已经没有父母了，岂不矛盾？这样想着，他双手握着马缰，禁不住摇了摇头。

"对此你有什么看法？"孔子仿佛没有看到樊迟在摇头，依然等着他的回答。可是樊迟只是又一次回答了一句"是——"而已。

樊迟的回答虽然简单，可是脑筋却不停地转着，回忆孔子关于孝道的种种教诲。记得孟懿子的儿子孟武伯曾经向孔子请教"孝"，孔子的回答是："父母最担心的是儿女的病痛。"孔子的话说得简单而平凡，对于多病的孟武伯来说很容易理解。

> 孟武伯问孝。子曰："父母唯其疾之忧。"（《论语·为政》）

其次是对子游的回答。他记得当时孔子的回答是："现在的人，总以为能够奉养父母就算尽孝。其实，孝行最要紧的是恭敬。如果养而不敬，和饲养犬马有何区别呢？"这道理也不难理解，孔子之所以这样说，是因为子游有失礼貌。

> 子游问孝。子曰："今之孝者，是谓能养。至于犬马，皆能有养，不敬，何以别乎？"（《论语·为政》）

还有一次，孔子回答子夏说："最难做到的是和悦地对待父母。替父母分担辛劳；有好的酒菜先敬呈父母吃，单单做到这些还不能说已经尽了孝道。"这和对子游说的话差不了多少。对脾气不太好的子夏而言，孔子的话也是很恰当的。

> 子夏问孝。子曰："色难。有事，弟子服其劳；有酒食，先生馔，曾是以为孝乎？"（《论语·为政》）

樊迟想到这里，又回头寻求对"无违"的解释。但是，他仍然想不出确切的意思。于是，他不得不再次求助于记忆中老师对"孝"的解释。他记得孔子还说过下面一些话：

"父母还活着的时候，不该到太远的地方去。如果不得不远行，应该先说明所去的地方。"

> 子曰："父母在，不远游，游必有方。"（《论语·里仁》）

"父亲在世，看儿子的志向便可以了解他；父亲死了之后，看儿子的品行便可以了解他。父亲去世三年后，也不改变先父的遗道，才称得上是真正的孝子啊！"

> 子曰："父在，观其志；父没，观其行。三年无改于父之道，可谓孝矣。"（《论语·学而》）

"不要忘记父母的年龄。第一，可以为父母的长寿而喜悦；第二，可以此提醒自己勤加奉养父母。"

> 子曰："父母之年，不可不知也。一则以喜，一则以惧。"（《论语·里仁》）

"闵子骞是一个多么孝顺的人啊！父母兄弟全都称赞他的孝行，没有一个人非议他。"

> 子曰："孝哉闵子骞！人不间于其父母昆弟之言。"（《论语·先进》）

从孔子说过的这些话来看，"孝"的意义不会太难，虽然樊迟不敢声称自己能够做到。"那么无违、无违……到底是什么意思呢？"樊迟再次陷入苦思冥想。不一会儿，他又想起了孔子的一句话："侍奉父母的时候，默许父母的过错，不是儿子应该采取的态度，而是应该和气地劝告父母才对。如果父母不听，就要更加尽其敬爱之心，找适当的时机去劝阻，自始至终要做到不违。谏劝父母而受到责怪，作为儿子，也不应该有任何怨言怒色。"

> 子曰："事父母几谏，见志不从，又敬不违，劳而不怨。"（《论语·里仁》）

樊迟高兴极了，因为他终于在孔子说过的话里找到了"不违"这两个字。但是很快，他却由于这个新发现而感到了混乱。因为他觉得，刚才孔子所讲的"无违"与这个"不违"似乎有不同的地方：一个讲的是祭祀父母，是在父母死后儿子采取的态度；而另一个是指父母尚在人世，儿子应该谏劝父母的过错，并自始至终一贯不违。因此，难以将两者等同看待。而且正因为有着不同的解释，他更加难以判断了。

"你在想什么呢？"好像一直在等着樊迟思考的结果，孔子这时开口问道。樊迟感到再不回答是失礼的，只得硬着头皮说："我一直在思索'无违'的意思。可是我始终想不明白。"

"如果连你也不懂我的话，那孟懿子就更不用说了。"

"那么，老师您说的'无违'究竟是什么意思呢？"

"我的意思是不违背礼。"

樊迟没想到答案竟如此简单而深刻，他不禁有些惭愧：自己的苦思冥想竟然如此不着边际。

孔子接着解释道："就是说，父母在世，应该事之以礼；父母去世后应该葬之以礼，祭之以礼。"

"既然是这种意思，我想老师不必有什么顾虑，相信孟懿子也是知道的，因为他学礼已经有年头了。"

"不，我不这样认为。"

"不过孟懿子最近将举行一次很隆重的祭典……"

"你也听说了？"

"详细情况虽然不知道，可是听说这一次祭典准备搞得比从前都隆重。"

"为什么要超出以往的规模，搞得那么隆重呢？原来的方式不可以吗？"

"当然不是不可以。不过做儿子的，总是希望父母的祭祀能够更加隆重，为人之子应……"

"樊迟！"孔子的声音顿时提高了，"你好像还没有彻底了解礼的奥义。"

樊迟从座位上转过头来，惊讶地望着孔子。孔子的神色虽然没变，可是语调越来越沉重："礼，不能过分简略，也不能过分隆重。过犹不及，过分和不足同样都是违礼。人人都有自己特定的身份。不僭越也不落后，这才符合礼的真义。越过自己身份的祭祀，将使自己父母的神灵背负犯礼之咎。而以大夫的身份违反礼制，将导致天下秩序的紊乱，使父母的神灵背负违天的罪名，这还能叫作孝吗？"

> 孟懿子问孝。子曰："无违。"
>
> 樊迟御，子告之曰："孟孙问孝于我，我对曰，无违。"樊迟曰："何谓也？"子曰："生，事之以礼；死，葬之以礼，祭之以礼。"（《论语·为政》）

听到老师从容不迫的这段话后，樊迟再也不敢回头看孔子了。他茫然失神地望着前面的道路，像泥塑的偶人一般呆呆地赶着车。送别了孔子之后，樊迟马上前去拜访孟懿子。孟懿子如果不是为了炫耀他的财势，而是真心为安慰父母的亡魂才举行祭典，那么樊迟的这次访问对他而言会有相当重要的意义。但是关于这次访问，在史书中并没有详细的记载。

# 阳货赠豚

孔子站在大厅当中，望着放在架台上的蒸乳猪，不觉皱起了双眉。据弟子说，这份礼物是阳货送来的。

阳货原是鲁大夫季平子的家臣。季平子去世后，季桓子继位，陪臣身份的阳货竟然撺掇季桓子僭位专权。此时孔子已经年逾五十，他深感当下的社会已经背离正道、秩序紊乱，因此毅然放弃了宦途方面的努力，将全部精力贯注于研究和编纂诗、书、礼、乐等经典，以及教育青年子弟。阳货却时时为孔子不仕、一心广集弟子讲道而寝食不安。阳货的想法是："最好能劝诱他，让他放弃办学，自愿加入我们的集团。"最低限度，起码要让孔子知道，他阳货也是一个礼遇圣贤的人，因此他有意要与孔子见一面。

阳货三番两次派遣使者转达求见孔子之意，可是孔子因为不愿意见他，就以种种理由回绝了。

阳货却因为孔子的拒绝而感到更加不安。最后，阳货想出一个妙计——他差人打探孔子的行踪，一天趁孔子不在家时，他派人将一只肥嫩的蒸乳猪送上门去。按照礼制，凡是大夫馈赠士人，士人应亲自到门口迎接，并将使者请入屋内向其致谢；若士人恰巧不在家，那么应该次日亲自登门拜谢。阳货送蒸乳猪给孔子，就是为了制造这么一个让孔子回访的机会。

孔子当然明白阳货的意图，然而一时无法可想，只好瞪着蒸乳猪出神。

"违背礼仪是不可以的，但也不能轻易落入别人的圈套。侍奉这种无道的人，就算只是一天，也不合于为士之道啊！更何况他使用这样的诡计。"

孔子思来想去，终于找到了对策。那就是依样画葫芦——趁阳货不在家的时候，亲自登门道谢去。孔子本非幽默家，可是当他想到这个对策的时候，还是不自觉地微笑了。但同时，他又感到这种行为很不适合他。想到这一点，他不再笑了，而是重新陷入思考，可是又找不出更好的办法。

"既然想不出更圆满的办法，也只好采取这个对策。"做出决定后，孔子便派弟子前去探听阳货的动静。

没过几天，孔子便得到阳货出门的消息，于是立即驱车赶往阳货的家。他抵达阳货家的时候已时近中午，孔子向阳货的家人说明来意，稍作寒暄之后便起身告辞。一切似乎都很如意，和计划的一样。但是，在返回的途中，他的车舆恰巧迎面遇上阳货的车舆。

出于士人的矜持，遇到显贵的高官是不能回避的，孔子只好让车子继续直驶。阳货一看到孔子便停住车，笑着说："我想您大概会驾临敝宅，正在匆忙赶回家呢！来不及在家迎候您，很是抱歉。"

对于这种喜欢玩弄小聪明的人，孔子实在感到无可奈何。于是，他只好随着阳货回去。不过孔子已经下定决心，坚决不在阳货的家里享用午宴。

到达阳货家里，两人揖让就座之后，阳货立刻用很热情的口吻说："一个人仅仅自己具备了德行，却将国家的灾难置之度外，难道称得上合于仁德之道吗？"

孔子认为阳货的口才不错，说的话无须反驳，便干脆地回答："不可。"

阳货以为自己的话奏效了，不想放过好机会，又紧接着追问："抱着救世救民的大志、希望为国家效劳的人，眼前虽然有很多机会，却不肯出仕执政，这也能够称为智者吗？"

孔子对这一点自有其独特的理解。不过，他认为向阳货这种人阐明这个道理，不过是对牛弹琴，枉费口舌。于是，他又平心静气地回答："不可。"

这时阳货以为自己有了教训孔子的资格似的，直接诘问孔子说："岁月是不等人的。像您这样德高望重的有才有能之士，老是自愿虚度日子，真使我迷惑不解。"说完这话，阳货认为孔子一定会答辩，因此脸上显出紧张的神色。

可是孔子的反应却很是冷漠。他只是对阳货额首点头，直截了当地说："是的，我明白了。我应该赶快找到一位贤明的国君侍奉。"

> 阳货欲见孔子，孔子不见，归孔子豚。
>
> 孔子时其亡也，而往拜之。
>
> 遇诸途。
>
> 谓孔子曰："来！予与尔言。"曰："怀其宝而迷其邦，可谓仁乎？"曰："不可。——好从事而亟失时，可谓知乎？"曰："不可。——日月逝矣，岁不我与。"
>
> 孔子曰："诺；吾将仕矣。"（《论语·阳货》）

　　说完孔子立刻站了起来，很恭敬地向阳货鞠躬，随后便走出了阳货的家。其时，午宴已经为孔子准备好了。在孔子离去之后，阳货不知抱着一种怎样的感想处理了那些美酒佳肴。

# 第四辑

## 孔子周游列国

# 天之木铎

　　“老实说，这是我唯一的兴趣……不，说是兴趣就不敬了，坦白地说，正是由于这种内心想见名人的好奇，我才选择做封疆吏的。”卫国仪邑的封疆吏正和冉有在大门外啰嗦着，边啰嗦还边用手捶着弯曲的腰背。这位封疆吏是位年近七十岁的老人，他一定要见孔子一面，为此特地来到孔子一行所投宿的客店。这期间，正是孔子刚辞去鲁国大司寇开始周游列国的时候。仪邑是邻接鲁国国境的卫国的一个都邑。

　　冉有非常不想引见这个小官吏去见孔子。要知道，孔子的宾客不是诸侯，至少也是大夫，怎么能应付这样的小官吏呢？而且，现在正是孔子落魄的时候。在他失位去国、进入卫国边境之时，首先会见的竟是这个守关的老头儿，确实有损孔子的体面。即使从学生们的立场来说，也是非常扫兴的。像现在这种苦难的时期，最忌惮的莫过于受到社会上的轻视，应该保持尊严大方才是。于是冉有决定打消老人的念头，用一些无关紧要的话与他周旋。“那么，您在此服务了多久？”

　　“我呀，来仪邑已经有四十年了。”老人挺直那弯曲的腰背，得意地说。

　　“四十年！”冉有大吃一惊。

　　“嗯，这差事倒也不错哩。由于工作上的方便，有不少机会和各位名人见面。"

"是。"冉有冷淡地敷衍道。

"不过,最初由于不习惯,错过了许多求见大人物的机会,现在想起来,难免感到惋惜。但是渐渐地我掌握了要领,只要我想见,没有一个见不到的。这也许是担任封疆吏一职附带的益处吧。"

冉有有点生气了,他仰视着天花板,连话也不回答他。

"我知道先生旅途上很疲倦,但我只请求和先生交谈两三句话就好。仅是刚才在路上看见他一面,我的心是决不会满足的。而且孔子是我在此地任职四十年来,所见过的伟人之中最伟大的,即使将过去四十年所见过的大人物加在一起,也赶不上先生呢。看样子,我或许会在见到孔子这一天辞去封人这个小官职以做纪念。是啊,见过孔子,做封人的目的也就达到了。"

老人的赞美使冉有的情绪有些好转。但是,他依然不愿意把封人的来意转告孔子。

"不,不必非得现在拜访。明天出发以前任何时间里,只要让我能够见他一面就是。没关系,要我在这里等一夜也没关系。以前,这样的情形我也不止一次碰到。"

冉有不禁笑了起来。封人趁机央求道:"拜托您去向先生转达一下我的诚意好吗?"

"我去试试吧。"冉有站了起来,好像接受了一个非常困难的任务。

老人肯定地说道:"谢谢您。只要您肯告诉先生,我想他一定会同意见我的。"说完想了想,又补充着:"现在回想起来,以前那些大人物里也有不肯见我的,不过大多都是随从故意找麻烦。那些真正了不起的大人物,都是非常能体谅老人与地位微贱的人,会尽量满足他们的愿望的。"

冉有哑然了。他收住正要迈开的脚，双眼瞪视着老人。可是这个老头儿却转瞬间把他的脸朝向窗外，又伸了伸腰背，然后舒了口气说："好了，好了，这么一来万事如意了。"

冉有仍站在那里，接连摇了几次头。然后，他又想了一会儿，终于下定决心走到里面去了。五六分钟之后，冉有带着不高兴的神色回来了，板着脸冷冰冰地说道："先生要接见你。"他叫来一位邻室的年轻师弟，让师弟带领老人到里面见孔子。

老人听到孔子同意见自己了，便立即收回了刚才恭谦的态度，他看也不再看冉有，只是说了句"好吧，好吧"，说完便慢慢地走进去了。

冉有苦笑着目送这位老人，坐下来把双手拱在胸前。"我还是不该搭理他才对啊。老师向来有求必应，无论谁要求见，他都未曾拒见过。老师也难免有点儿轻率，尽管我那样坚决地劝他不要接见这个人，但是老师反而说，可能这人是一个有趣的人物。管他有趣无趣，也只不过是个守关门的小官吏罢了。而且，做过四十年这种没出息的差事，究竟会有什么了不起的地方。老师刚刚开始周游，说服诸侯才是头等大事，见这个地位微贱的老头子有什么用处？"冉有越想越不平，心里难免开始怪怨起这个老头儿了。

"现在，他一定像刚才一样向老师胡说乱道了吧。和这种疯子似的老头答话，难道不损及老师的身份么？在这种困难的时候，大家都难免会怀念老师做鲁国大司寇的时期吧。如果他不放弃那种高贵的官职，作为学生的我，难道还会产生这种落魄的感觉吗？谁喜欢弃官下野？虽然说不做官可以专心求道，但是一旦成了平民百姓，社会的评价会立刻改变，人情世故总是这样啊。所以如果老师不注意的话，将来焉知不会遭遇到悲惨的命运呢。也许别人会笑话我发牢骚，但无论如何，今天我不该放那个老滑头去见夫子。真是个大错误！"就在冉有为这件事懊丧的当儿，刚才带老人进去的同学回来了。冉有好像正等着他呢，立刻迎上去招呼他。

冉有说："我以为老师听到通报后一定不会见他，可是我的预想却错了。"

"当然啰，老师常说'不患人之不己知，患不知人也'。"小师弟得意地说。

"可是会见这种微贱的小官，难道不会贬低老师的身份吗？"冉有喟然叹息着说。

小师弟听到这话，也有了同样的感觉，他甚至觉得连他的地位好像也降低了不少。

"那个老头子对你的态度如何？不尊重吗？一点儿也看不出专来请教夫子的样子吗？"小师弟问冉有。

"尊重？我倒是觉得他在愚弄我。"

"老师还当大司寇的时候，下级的官吏都把我们当作大人、先生尊重哩。"

"对啊。"

两个人一时怅然若失，默默无言。静寂中，脚步声愈来愈近，房门轻轻地开了，进来的正是老封人。

他们不愉快的目光一齐集中在他的脸上。但是老人好像浑然不觉，笑嘻嘻地走到他们面前。

"哦！你们都是孔夫子的弟子？"老头弯着腰问。然后又看着冉有说道："刚才真是麻烦你了。是啊，今天我太高兴了，没想到活到这么大年纪才有这种福气。算起来，我也见过几个伟人，但是都不能和孔夫子相提并论。和他一见面，我的心里面觉得无比安慰。再恭听他的谈话，不知不觉之中感动得低垂了头。我准备的话题怎么敢拿到他跟前呢？是啊，我这个老头，原来是一个刚愎的人，平常请教别的先生，不和他争辩一场我是决不甘休的。但是，今天在孔子面前，我好像成了小孩子哩。同时，我的心灵也变得像婴孩一般纯真。回到这种纯真状态的时候，如果能够直接死去，该是多么幸福的事啊。眼看这样乱七八糟的社会，皱着眉头苦恼地死去，是多么痛苦。"

冉有和师弟都哑然望着老人发呆。

老人继续平静地说道："是的，你们都追随了很好的老师。从年轻的时候能跟随着这样的老师求学，就不会像我这样悲观厌世了。当然，有时候你们会感到这样跟随夫子流浪很落寞，何况你们都还这样年轻。可是老师的价值，不对，说价值是不恭敬的——对了，老师的精神，就是老师心底深处的无忧、无惑与无惧的仁德，诸位如果想彻底探究它，只有跟夫子共历患难才能体会到。"

老人的脸上渐渐浮现出兴奋的红晕。冉有和师弟也受到感染，不知不觉地端坐起来。

"并且，"老人挺身向他们靠近一步说，"你们不认为把夫子这样的伟人一直留在鲁国做官，太可惜了吗?"

冉有和师弟只是面面相觑，没有人回答。这时，老人的声音像呐喊一般灌入他们的耳朵："你们的老师，不是为了你们的功名利禄才降生到这个世界上的啊!"

老人身体微微弓着，脸部突出，双眼发出异样的光，注视着冉有的脸。

冉有在这种严肃的气氛里费力地喘息着，嘴唇翕动，想勉强回答一句。

老人突然笑着摇摇手说："哎呀! 说得这么大声，真是冒失。"顿了顿后，老人又接着说，"哎，在我们卫国，如果政府有什么通告传达给老百姓的时候，每次都摇响木铎这种奇怪的铃，他们一边摇着木铎，一边宣布政令。你们鲁国不也有这种玩意儿吗? 那种木铎，只是响得扰人耳朵，其实并没有什么效果。不过那些大人们喜欢这样做，我们有什么好说的呢。每次，听到木铎的响声，我就想，如果这个世界上，有个传达上天政令的木铎的话，那该多好呀!"

于是，他好像正在探询他们的反应似的，目光扫过他们的脸，严肃地说："诸位明白了吗? 你们不要再为跟随老师四处游学而苦恼了。当然，我也知道你们由衷关怀老师的处境。不过，面对这样混乱的社会，你们的老师也只好担起重整社会道德的使命，为拯救天下人民而身历苦难了。这也可以说是上天赋予夫子的使命吧。诸位的老师从此就要做上天的木铎哩!"

> 仪封人请见，曰："君子之至于斯也，吾未尝不得见也。"从者见之。出曰："二三子何患于丧乎? 天下之无道也久矣，天将以夫子为木铎。"（《论语·八佾》）

房间里又回复到静肃，一点儿声音也听不见。老人终于也低垂了头，用平静的声音说："呀！我说得太多了。"仿佛松了口气似的，老人最后平静地说："祝诸位一路平安！"

说完，他慢慢地走了出去。

冉有和师弟一动也不动，他们目送着老人的背影。等到他的影子完全消失于门外时，冉有才忽然像是从梦中惊醒似的，匆匆忙忙地往孔子的房间走去。

# 子畏于匡

"对了，当年和阳虎一同攻城的时候，我们就是从那个缺口攻入城里的。"正在赶车的颜刻用马鞭指着坍塌的城墙一角，对孔子说。

孔子一行正在离开卫国赶往陈国的途中，现在他们到达了匡邑的城门。匡邑是卫国边境的一个小城。

"听说阳虎当时在此地抢夺搜刮，无恶不作。有这回事吗？"孔子从车上眺望着附近的景色，感叹地说。阳虎原是鲁国大夫季氏的家臣，后来企图阴谋作乱，事情败露后亡命国外。他曾经带领军队入侵匡邑，以暴虐无道的手段对待当地百姓。

"是呀！真是胡作非为，他们掠夺财物、拘禁妇女。直到今天，人们一听到阳虎的名字，无不咬牙切齿。"

"那么，你也是其中被憎恨的一个了。"

"真惭愧。可是当时也是迫不得已，如果不跟从他，那一定没命啦。"

"那么你也跟他们一起干了坏事？"

"天啊！请相信，我没有干过残暴的事。相信您也能了解，为什么我要从阳虎的巢穴逃脱。"

他们一路讲着，不久一行人进入城中，来到预定的客店安顿下来。

吃过晚饭后，大家正在闲坐休息，门外忽然喧嚷起来。两三个弟子跑到外面察看，发现不知什么时候，客店被手持棍棒的民众包围住了。

弟子们虽然觉得有点儿害怕，可是又不敢上前询问。于是，他们马上回到屋里报告情况。

"什么？怎么会和我们有关系呢？或许发生了什么误会……好了，大家休息吧，有什么事他们会来说的。"孔子说着回到自己的房间。

但是弟子们都不能镇静下来，颜刻显得尤其不安，好几次走到窗边向外探望。

"好！我去调查一下。"子路忍耐不住，迈开大步向门外走去，佩剑的环扣叮当作响。

过了一会儿，正当大家为他担心的时候，子路回来了，神色显得相当高兴。

"真糊涂。那些家伙竟把老师认作阳虎了。"

"什么，阳虎？"

弟子们都觉得很意外。

"是啊！他们都说亲眼看到阳虎坐在车厢里。"

"真是奇闻。"

"其实，也难怪他们这样说。因为，老师的相貌确实有几分像阳虎，甚至在我们看来也如此。"

"即使这样，也还是有点儿过分，只要仔细看看随行的人，应该很容易辨别啊。"

"就是因为随行人员的原因，误会才加重了。"

"嘿，我们？"

"不，不是说大家。其实，今天的误会和颜刻为老师驾车有关。"

"可不是么，他们看见颜刻驾着车，而旁边的人相貌又像阳虎，还以为颜刻又跟随阳虎回来了。"

颜剋闷闷不乐地听着大家的议论，显得无精打采。

"但是，只要将我们的身份如实告诉他们，他们会消除误会的。"

"事情并不这么简单，此地的人民对阳虎有很深的仇恨。"

"不过，只要老师亲自和他们见一面，难道他们还会说是阳虎吗？"

"这也没有把握啊。此地有个名叫简子的人，据说他最了解阳虎，人们也最相信他的判断。可是到目前为止，他仍旧坚持认为老师就是阳虎。"

"那么我们怎么办才好？如果再犹豫不决，也许会遭到不明真相的百姓的袭击。"

"不，不会的。他们还不至于做出过分的举动。而且匡人都知道孔子的名望，他们会很慎重地处理这件事的。"

"在匡邑，肯定有见过老师的人吧。"

"如果有这样的人，问题当然就解决了。倒霉的是，匡邑的人虽然认识颜剋和阳虎，见过孔子的人却一个也没有。"

"那怎么办呢？"

"除非确信真的是孔子，否则他们可能会把我们封锁在此地。"

"喂，喂，那要等到何时？"

"听说他们已经派人到各地调查去了，大约需要三四天时间。"

"真是糊涂，谁能等得了。"

"那有什么办法呢？这也是天命吧。当然，如果耽搁得太久，我们也应该想想办法。"

"嗯，这很对。"

"对了，不知道老师睡了没有？"

"大概还没有……"

"那我得报告老师去。"子路说完，匆忙向孔子的房间走去。

子路离开之后，弟子们也停止了议论，一时面面相觑，相顾无言。墙外不时传来包围者嘈杂的声音。每当听到这种声音，坐在角落里的颜剋都会抬起头，胆怯地望望大家。

子路回来了，向大家传达了孔子的意见："老师让我们保持镇静，不必与众人理论。只是，老师最挂念的是颜渊。"听了这话，大家方才想起，颜渊预定今天深夜到达此地。

"对了，怎么忘记了颜渊？如果他不知道发生了这种变故，到达后四处打听孔子的住处，恐怕会有危险。"

"他做事很谨慎，我想不会发生什么意外……"

"但是，在不知情的状况下，也很难断定。"

"我们可以替他想个办法吗？"

"办法，能有什么办法？"

"派一个同学偷偷溜出去，到城门附近接他。"

"在这样严密的封锁之下，谁能够做得到呢？"

大家见仁见智，纷纷发表各自的意见，然而没有一种意见不遭到否定。闵子骞没有参与议论，一直在一旁拱着手思考。当别的同学渐渐失去了讨论的热情，脸上现出疲倦失望的神情时，他才开口说："颜渊比我们都聪明。老师也一定认为无须替颜渊担心，耍弄些小计策是毫无必要的。"

和闵子骞一样，冉伯牛与仲弓两人也一直保持沉默。听完闵子骞的意见，二人深深颔首，完全表示赞同。这时子路也再次开口道："其实老师的意见也是这样，虽然老师很关心颜渊，可是他却说，不如让颜渊自己应付，反而安全。"

大家都知道，孔子非常信任颜渊。有一次孔子曾经这么说："我和他讲道理，他只是听着，什么也不问，乍一看像个呆子。其实，他对学问有极高的领悟力，在沉默中思考是他培养自己德行的方式；无论处于何种境地，他都能够认清自己的道路而不迷失。他绝不是一个呆子。"

> 子曰："吾与回言终日，不违，如愚。退而省其私，亦足以发。回也不愚。"（《论语·为政》）

确实，联想到颜渊平日的言行，在座的人没有一个敢自称比得上他的。而且，大家也不敢违背孔子的告诫，于是纷纷放弃了设法帮助颜渊的念头。

"今天晚上，既然没什么事可做，就只好睡觉喽？"

"不知怎么的，精神总是不能镇定。"

"我躺在床上也睡不着啊。"

大家悄声嘀咕着，不能排解心中的担忧。虽然夜已经很深了，可是大家还不想睡觉，依然瞪大眼睛，注意着门外的动静。

曙色从窗口渐渐透射进来，使人不能安睡的一夜终于过去。整个夜晚，包围者的脚步声一直没有间断过。而颜渊最终也没有归来。

接下来的第二天、第三天，封锁仍然没有解除。不安的气氛在同学们之间逐渐加深。孔子和他的五六名高足虽然保持着冷静的举止，可是内心里同样为颜渊的安全担忧。偶尔，孔子也吐出微微的叹息声，学生们听了感到更加忧愁。

这种忧切之心，在子路身上表现得尤为强烈，这几天，他的脾气越来越暴躁了。孔子注意到这一点，尽可能想办法让他平静下来。为此，孔子多次组织弟子奏乐、唱歌，每一次都要求子路参加合唱。

第四天的上午，孔子和弟子们正围坐着唱歌的时候，颜渊忽然出现在门口。大家欣喜万分，连孔子也中断了歌唱，跑上前紧紧拉住颜渊的手，高兴地说："啊！你平安了。我以为你已经死了。"

颜渊眼里满含着泪珠答道："老师还在，我怎么敢先老师而死！"

子畏于匡，颜渊后。子曰："吾以女为死矣。"曰："子在，回何取死？"（《论语·先进》）

听着两个人的对话，簇拥在周围的弟子们非常感动，一个个哑然无语，像雕像一样伫立在那里。

孔子牵着颜渊的手，一直把他领到自己的座位旁，让他坐下来。接着便迫不及待地询问他这四天的遭遇，又问他是怎样通过重围进入房子的。颜渊答道："那天晚上，我一来到城中便发现情形不对，了解了实情之后，我决定另找一家旅店住下。接下来的几天，我到处向百姓宣传老师的品德和嘉行，并将大家一路上的艰苦跋涉讲述给他们听。我也时常来到大家下榻的旅店，长时间站在街上倾听里边传出的弦歌声。你们演奏的音乐，不但打动了我，而且也打动了匡邑的百姓，他们都说，阳虎决不会奏出如此美好的音乐。后来我决定去见包围者的头目，没想到听过我的诉说后，他痛快地答应了我的请求。但是他吓唬我说：'进去是可以进去，可是一旦进去，恐怕无法再出来……'"

听了颜渊的话，同学们不知是喜是忧，面面相觑。颜渊安然无恙使他们稍稍松了口气，但毕竟不能把悬着的心完全放下来。

孔子露出阳光般灿烂的笑容，几天来的愁绪从他脸上一扫而光，他高兴地说：

"现在全部都到齐了。既然大家都安全在这里，也就没有什么好担心的了。今天晚上终于可以好好地睡一觉了。"

孔子的话音未落，门外忽然响起一阵叫骂和呐喊声。紧接着这片雷鸣般的响声之后，又掀起一阵急雨般的嘈杂声，声音渐渐逼近，甚至可以清晰地分辨出不同的噪音：

"阳虎！赶快滚出来！"

"万一真的是孔子一行，你们怎么办？"

"管他万一不万一。我们全部的财产都被毁掉了！那个家伙的脸，还印在我的眼底啊！"

"还是忍一忍吧，只要再等一天，就会弄清事实。"

"到了明天，一定把他交给我们处理吗？"

"不会骗大家的。现在正在调查中，明天一定会得出结果。"

"哼！什么调查！说什么他们是孔子一行，简直被那些家伙的音乐迷了神窍。"

"不是只凭音乐判断。最近传来的消息也说，孔子一定会经过此地。"

"那只不过是两三天前，一个怪家伙所散布的谣言。"

"不见得都是这样。"

"那么，你说，有什么具体的证据。"

"什么证据？明明是撒谎。快滚开！我们知道该怎么做。"

"别动！"

"啊，你竟然打我？"

"……"

对话的双方好像发生了冲突。霎时间，众人的的呐喊声、石块的投掷声和东西的碰撞声响成一片，连房顶上的瓦片都跟着震动起来。

弟子们紧紧地围住孔子，像是要保护老师似的。可是从他们苍白的脸色来看，他们其实害怕得要命，其中有几个还止不住浑身颤抖。

孔子闭眼思索了一会儿，又睁开眼睛，用平静的目光扫视过弟子的脸。"不要害怕，都坐下来吧。"

学生们按照老师的吩咐，回到各自的座位上。可是大多数人坐得并不踏实，他们僵直地探出上半身，似乎随时都准备逃跑。

孔子严肃地望着大家，用徐缓而凝重的声调说："自从文王去世以后，继承先王道理的人就是我了。我相信，天意的安排，是叫先王之道永远传播下去。若是天意要消灭先王之道的话，为什么出生于后世的我还会闻知古代的诗书礼乐呢？天一定保佑我，不，保佑我完成传道的大使命。既然有天的护佑，匡人又能把我怎样呢？大家安心好了。"

> 子畏于匡，曰："文王既没，文不在兹乎？天之将丧斯文也，后死者不得与于斯文也；天之未丧斯文也，匡人其如予何？"（《论语·子罕》）

孔子话里透出的浩然之气充满了整个房屋，弟子们沐浴其中，也感到勇气倍增，那近在咫尺的危险不再动摇他们的心。

"并且——"孔子又说，"人，生来都有追求仁德的天性，德行决不是孤立的。因此，无论怎样落魄，只要坚守仁德，一定会有人与你相应，携手同行。匡邑的百姓也不例外。他们虽然憎恨阳虎，但决不憎恨我孔丘。别担心，只要信任上天，信任自己，正正直直地活下去，道，自然会出现在我们面前。"

与室外的一派嘈杂相比，室内现在显得分外宁静。

孔子再一次亲切地望着大家，与刚才相比，弟子们的表现好多了，孔子赞许地点着头。最后，他看到了蜷缩在屋子一角的颜刻，笑着说："哦！颜刻也安全，好极了。"

好像无法承受来自孔子目光的压力，颜刻动弹了一下，身体越发退缩了。

"好罢，子路——"孔子笑容满面地回头看子路，"让我们再次唱起文王的歌吧。"

子路把刚才紧握着的沾染了手汗的佩剑竖在他的身前，以右手拍击刀鞘，伴奏起来。

从两人的喉咙里，流溢出朗朗的歌声。其他的学生倾听了一会儿，很快都陶醉在优美的旋律里，不由自主地加入到演唱中，有的用手拍打刀鞘，有的唱出嘹亮的歌声。

门外的喧哗和屋内的旋律，好久好久，在薄暮的天空下此起彼伏，喧哗声逐渐被优美的旋律淹没；等到夜色深沉，天空布满灿烂的星光时，就只能听见乐曲的声音了，匡邑的百姓伴着这优美的旋律进入了甜美的梦乡。

次日，五六名匡邑的官吏来到孔子下榻的旅店，恭恭敬敬地请求拜见孔子。

那一天颜刲醒得比谁都早，可是出发时，他再也不肯坐到孔子的车上执辔了。

# 宁媚于灶

　　孔子已经彻底放弃了留在卫国的打算。虽然，卫灵公曾经赠送六万粟表示对孔子的敬意，可是孔子认为，那只不过是灵公借以铺张自己的排场罢了。而在政治方面，卫灵公从来没有采纳过自己的建议；而且，灵公的夫人南子是一个乱伦的女人，她荒淫无耻的私生活，是一个有德性的人所不能忍受的。孔子之所以没有马上离去，只是因为他在卫国收纳了很多学生，人数仅次于家乡鲁国的学生，对这些卫籍学生的关爱，是孔子难以割舍的。

　　从前，在辞去鲁国大司寇不久，孔子曾到卫国短暂游历过。后来，又先后到郑国和陈国，再转回卫国。所到之处，诸侯们狭隘的心胸和浅薄的见识，使他深感失望。在经过一番痛苦的思考之后，他逐渐认识到，与其徒然为寻找明君而流浪，不如专心致志于教育子弟。在陈国停留时，他曾经对众弟子感叹道：

　　"回去罢！家乡的子弟个个具有理想，心地纯真。他们年轻而狂狷，还不知道践行中庸之道。可是，只要善加开导，他们的前途不可限量。我要回去教育他们，这比说服那些度量狭窄、知识浅陋的诸侯，更有意义啊。"

> 子在陈，曰："归与！归与！吾党之小子狂简，斐然成章，不知
> 所以裁之。"（《论语·公冶长》）

从孔子的感叹，可以看出他心境之一斑。灵公之无道与夫人南子之荒淫所造成的污秽的社会风气，对孔子而言，非常难以忍受。但是，只要有年轻活泼、充满朝气的学生在面前，畅谈诗、书、礼、乐，或者讨论时政，孔子便不会感到身处他乡的寂寞。真理是无处不在的，从这一点来说，孔子虽然身处异地，可是并没有离开心灵上的故乡。

如此，孔子暂时忘却了政治上的失意，将留在卫国的大部分时间用于教育学生。正像父亲在远行之前，轻轻地抱起自己的孩子亲吻，他把卫国的弟子们，轻轻地拥在他那宽大的胸怀里，希望给予他们更多仁德的关照。

在孔子的卫国弟子当中，有个叫王孙贾的，官居卫国大夫，是卫国的军队统帅。灵公昏庸无道却没有遭致亡国，孔子在谈论这个问题时，曾对季康子说："他用仲叔圉主管外交，祝鮀主管宗庙，王孙贾主管军队。既然如此，怎么会败亡呢？"由此可知，王孙贾在卫国的地位非同寻常。

> 子言卫灵公之无道也，康子曰："夫如是，奚而不丧？"孔子
> 曰："仲叔圉治宾客，祝鮀治宗庙，王孙贾治军旅。夫如是，奚其
> 丧？"（《论语·宪问》）

与卫灵公不同，王孙贾特别希望孔子久居卫国。他想："其实，孔子有留在卫国的愿望，只不过灵公对孔子敬而远之，使孔子不能与他接近。但是说服灵公亲近孔子不是一件容易的事，不如让孔子积极地接近灵公。如果我从中斡旋，委婉地规劝孔子，孔子应该不会太固执吧。不过，请他马上和卫灵公见面，也未免操之过急，按照现在的情形看，最好还是

暂时请孔子辅助我的工作，只要有了显著的政绩，灵公自然会欣赏孔子；同时，孔子的思想，通过实践的效验，也能潜移默化地影响灵公。"

他之所以如此热心，除了出于对孔子的景仰，也不是没有个人的打算。按他的想法，如果计划顺利进行，必将给他带来极大的好处。

于是，一天早晨，估算孔子不会外出，王孙贾驱车前去拜访孔子。一路上，他浮想联翩："有万人所敬仰的孔子辅助，我一定会取得不凡的政绩，在百姓中的声望也越来越高。这时候，再选择适当的机会，让灵公正式起用孔子，使他直接参与机枢事务。在孔子的影响下，无道专横的灵公也一定会注意自己的操守，逐渐在政治上有所作为。而孔子绝不是争功夺利的人，并且感念我的斡旋之功，一定将所有的功劳都让给我。当然，我绝对不可以独占这种荣誉。在仲叔圉、祝鮀两大夫面前，应该表现出谦逊之美德，免得他们憎怨嫉妒。这样，我的声誉，不但不会降低，反而……"

想到这里，他轻轻地半闭上眼睛，觉得十分得意。突然，尧帝将皇位禅让给舜的故事像一阵轻风刮进他的脑海。

这时如果不是他的车舆突然驶入坑洼路面，将他狠狠颠了一下的话，他的幻想，不知将把他和舜做怎样的对比。

身体受到的冲击使他骤然惊醒，他不禁叫了一声："哦！不对。"

车夫听到叫声，握紧马鞭答道："近来老百姓懒于修路……"

王孙贾根本没去听车夫的解释，他不断地揉着胸口，想打消自己对古代帝王禅让的联想。

"心里存着这种不洁的念头见孔子，是不慎重的，因为在孔子面前，一个人很难掩藏自己的心事。前些时候，他还曾对我们这样讲过，鉴别一个人的善恶，只要经过三个步骤：首先看他的行为，其次观察行为的动机，最后细察他对于自己的行为是否心安意乐，也就是细察这人的真正兴趣是什么。所以对于一个智慧有穿透力的人来说，洞察别人的内心是容易的。另外，孔子的目光锐利如锥，能够根据对方眼神的微细变化看透那人的心意。无论如何，在孔子面前，绝对不可以心存丝毫欲念。"

想到这里，王孙贾不禁有点心虚。可是从胡思乱想中回醒过来，脑子里还残留些空洞的影子，好像宿醉后袭来的不可名状的寂寞感。"我驱车求见孔子到底想做些什么呢？我的想法不是很浅薄吗？"他渐渐烦恼起来。

"如果孔子听说，不是要他直接辅佐灵公，而是做一个大夫的政治顾问，不知他将怎么想？更不用说那个大夫就是他的一个弟子。"

这样一想，他如坐针毡，感到浑身不自在。他后悔自己太欠考虑，行事过于冒失。可是，到了现在，不去也不合适，因为自己已经和孔子约好了。

车子重新驶上平坦的道路，他感觉车子跑得似乎太快了。他打算见到孔子时找些别的事情来谈，可是一时之间，又想不出适当的话题。

车子不久便到达孔子门前，王孙贾没精打采地下了车。他犯难地想着心事，甚至连听到迎候人的寒暄也觉得很头痛。然而他下意识地想到，不端庄的姿势，或是沮丧的神态，都有损他大夫的仪态。于是，一跨进大门，他赶紧昂起头，眼睛注视高处，迈开步子往前走。

这时候他看见厨房的屋顶上直直地升起黄色的炊烟，那一缕一缕升起的烟，似乎牵动了他的神经，不知怎的，他联想到厨房里面的灶。

"对了！"他心中一动，忽然来了灵感。也许这就是所谓的上天的启示吧，炊烟让他联想到一句谚语："与其媚于奥，宁媚于灶。"

"奥"是指房屋的西南隅。按照民间传统，"奥"是祭祀时之常尊，地位也最高，但在祭礼中没有具体的祭祀对象。"灶"是祭祀炊煮饮食之神的场所，灶神和门神、土神、户神、路神并称为五祀。五祀诸神的地位较奥神低，不过虽地位低于奥神，但有固定的主神，祭祀时内容也比较丰富；而奥神虽然地位高，但因为没有具体的主神，往往在祭过五祀之后，才象征性地迎接假扮的神像，不过走走形式罢了。所以才有了这句谚语，就是说与其去拜求地位尊贵但没有实权的奥神，不如祈求大权在握的灶神。

王孙贾之所以为想到这句谚语而高兴，是因为在心底深处，他暗暗将卫灵公比作奥神，而把自己比作灶神。他想装出不懂的样子，向孔子请教这句谚语。如果孔子不以"媚于灶"为非，也不反对现实中的实例，他就抓住这个机会坦白自己的心事，具体地说明他的计划。反之，他就闭口不谈自己的计划。

"'劳思即能通'，这句话说得真不错。"这样得意地想着，他来到孔子的房间。

孔子正在闭目静思，得知王孙贾来了，便起身相迎。

"老师，您感到孤独吗？"王孙贾坐下来后说道。孔子周游列国，却找不到实现自己抱负的途径，王孙贾很了解这个情况，因此他用这句话做开场白。

"我的学生里头，有个叫颜渊的青年，他的生活非常穷困，然而他的精神却很愉悦。"

孔子不说自己却谈自己的学生，一来表明他不顾虑一己之得失，二来也借颜渊表明了自己的心境。孔子的回答，使王孙贾立刻意识到自己的问题的愚蠢，他的脸微微地羞红了。

"灵公绝不是不想起用您，不过由于很多复杂的问题，一直拖延到现在……"本来他准备避开有关孔子出仕的问题，可是，为了他刚才想到的谚语，为了在提出谚语之前，找点铺垫的话题，王孙贾鬼使神差，反而直接提出了这个问题。而这个问题，也一定不是孔子喜欢谈的。

糟糕的开头使谈话进行得很不顺利，王孙贾好像舌头生了锈一样，说着说着，就不得不停下了。沉默了一阵之后，王孙贾终于下定决心，他像忽然想起来似的，问道："老师，我年轻时，时常听到别人讲：'与其媚于奥，宁媚于灶。'当时我对这句谚语很反感，不认同它所隐含的意思。但是，后来随着自己阅历的增加，处理公务的经验日益丰富，才不得不承认谚语中也包含着一定的真理，这种见解到底对不对呢？"

孔子微微皱起眉头，用眼睛瞪视着王孙贾，仿佛在他的脸上发现了什么似的。良久，孔子缓缓开口道："一点儿真理都没有。"

王孙贾早就预料到孔子的否定，所以听到这个回答并不感到意外。可是让他为之惶恐的是，孔子的态度较平时格外严厉。

孔子继续说道："我们不要获罪于天，若是违背天道，祷告还有什么用呢？不管媚于奥神还是灶神，都于事无补。"

> 王孙贾问曰："与其媚于奥，宁媚于灶，何谓也？"子曰："不然；获罪于天，无所祷也。"（《论语·八佾》）

王孙贾连连点头，孔子的解释使他心悦诚服，渐渐打消了空幻的梦想。但是，在内心里他依然认为，孔子需要找一个做官的机会；孔子之所以不能得到诸侯的欣赏，完全是因为他过于固执，不懂得变通。他对孔子的这种态度很不耐烦。

"真是执拗的人呀！如此下去，恐怕不会有希望哩！"想到这里，他觉得已经无话可讲，该告辞了。

这时，孔子再次说："不但不媚于灶，而且不媚于奥，这才是君子之道；君子之道只有一个，是一以贯之的。"

王孙贾并不是迟钝的人，他明确地体味到孔子话里的训诫意味。

"的确，他已经看穿了我的来意。"想到这里，他羞愧难当，慌慌张张地拜辞了。

　　然而，正是通过这件事，王孙贾才真正了解了孔子高洁的品格。所以，在不久之后，当晋国的赵简子派遣使者到卫国迎请孔子的时候，王孙贾亲自将孔子送到卫国边境。他希望借机得到孔子更多的教诲，哪怕片言只语，也感到异常满足。

# 司马牛之忧

司马牛落后一段距离，缓缓跟在孔子和其他弟子后面。一步步走着，他的情绪越加低沉，他们不能停留在宋国，都是因为自己的哥哥桓魋企图加害孔子。一想到这件事，他就惴惴不安。

"为什么有这样野蛮的哥哥？"

他不停地叹息着。不过回想起这件事，印象最深的还是当他的哥哥想加害孔子时，孔子在危急时刻所说的话：

"天既然赋予我美好的德性，幸与不幸，也只有天可以决定。桓魋这个人，他能把我怎样呢？"

> 子曰："天生德于予，桓魋其如予何？"（《论语·述而》）

这是多么泰然自若的话啊！并且孔子的行为正如他的言辞——"尽人事而听天命"，就这样，不改换衣着也不乘坐车舆，神态自若地悄然离去，这是多么高超的见识和行为啊！也许哥哥以为孔子害怕他的威势而逃窜，其实，孔子根本就不把他当回事呢。

想起哥哥的恶行，司马牛至今仍感到惊心。而且，二哥子颀，三哥子车，哪一个不是胡作非为！宋国变得如此动荡不安，完全是他们倚恃军权在握意欲图谋不轨造成的。

"不知道先生对我有怎样的想法。我加入先生一行，是希望接受他的教育。可是，大家的目光经常不约而同地注视着我，好像在说，有其兄必有其弟。也许只有先生才不会抱有这种想法。然而，为什么他和我的视线相遇时，马上避开了呢？唉！如果大家都讨厌我，跟随他们还会有什么益处呢？还不如离开他们，一个人躲到深山老林隐居。但是，这样做会使人怀疑，我又回去投靠哥哥们了，与其受到怀疑，还不如留在这里，忍受众人的鄙视。"

不断的胡思乱想使司马牛感到疲惫又厌烦，连脚步都迈不开了。现在他已经落后很大距离，可是没有人回头看他，在他看来，大家是有意这样做的。这种念头使他的心情更加低落，一点没有追赶他们的心思了。天色渐近黄昏，山野上吹起冷冷的风，周围一片秋天的萧条景象。

司马牛这时正走在徐缓的山坡上。而孔子一行人正攀过山顶，他们的身影一个又一个没入山背。当最后一个人影也消失了的时候，司马牛的眼睛红了，不知不觉面颊上挂了两行泪水。他很想放声大哭。

"喂——怎么了？"是子夏的叫声。子夏的身影重新出现在高地上。

司马牛赶快擦干眼泪。他装出若无其事的样子，加快脚步赶过去。

"脚痛了是不是？"子夏关切地问。

"不，没关系。"

"大家都谈得太起劲了，一点没有注意到你被落在后边，是老师提醒了之后大家才知道的。"子夏的口吻坦诚，没有一点虚伪的言辞，司马牛听了很是高兴。让他更为高兴的是，孔子最先发觉他落在后头，并且派子夏回头找他。从出发到现在，司马牛的脸上第一次露出了笑容。

"你看起来好像没有精神啊。"子夏一边和他并肩走着一边说。而孔子一行正停在路旁等着他俩，当他们看到两个人一起从高地走下来，便又开始赶路了。

"是呀，我确实没有精神。我实在孤独极了。"司马牛等了一会儿才这样回答，他的心，依然堆满沉重的思虑。

"我了解你的心情。但是，你自己并没有什么过失，大家很同情你哩。"

"……"

司马牛静默了片刻，沉重地叹息了两三回之后，方才开口说："人家都有兄弟，独我一个没有！我没有兄弟！"

这下子夏也跟着叹息了，可是他马上又笑着说："别再那么伤感。我常听老师说：'死生有命，富贵在天。君子敬而无失，与人恭而有礼。四海之内，皆兄弟也。'君子只要自己敬谨，没有过失，待人谦和恭敬，那天下的人，都是兄弟呢。并不只是血亲的兄弟才是兄弟。现在，与你一起赶路的人，不都是你的兄弟吗？"

> 司马牛忧曰："人皆有兄弟，我独亡。"子夏曰："商闻之矣：死生有命，富贵在天。君子敬而无失，与人恭而有礼。四海之内，皆兄弟也——君子何患乎无兄弟也？"（《论语·颜渊》）

"大家会真正把我当作兄弟吗？"

"你在想些什么？唉，你的悲观只能让朋友感到失望。打起精神来，还有很长的路要走。"

子夏的鼓励使司马牛振作了些，他觉得自己的脚步变得轻快了。

"好吧，跟上他们。"子夏说着，步子迈得更大了。

不久他们到达山坡下的小桥，与正在那儿休息的孔子等人会合。大家神情从容，好像不是在匆忙的行程中，倒像在郊游中一样悠然自适——子游与子夏一边欣赏四周的景色，一边吟诗赋词；宰予与子贡站在一边议论着什么；子路与冉有在低声商量今晚的住宿；颜渊、闵子骞、冉伯牛、仲弓四人，虽然并肩坐在一起，但他们好像各自沉浸在自己的思绪之中；而孔子在离他们稍远的地方，独自坐着，凝视着眼前的流水。

司马牛默默观察着大家，最后下定决心走到孔子跟前。

孔子看见他过来，就抬起了头，向他投去微笑的目光。

"老师，让大家久等，真对不起。"

"不舒服吗？"

"没有，没有……我想着些事，所以……"

"想？就是……"

孔子的脸色变得有点阴沉。本来，司马牛想把心中的烦恼——向孔子坦白，可是他觉得孔子已经看穿了他的心事，而且似乎在责备着他。于是他慌张之余，把随便想到的一个问题，拿来请教孔子，这就是让他经常感到困惑的关于"君子"的定义。

孔子稍闭上眼睛，徐徐地说："君子不忧不惧。"

司马牛认为孔子的说明太简略了，他问道："不忧不惧，就能称作君子吗？"

"不是任何人都能够做到不忧不惧的，只有那些扪心自问没有过失的人，才能达到这种境地。他们平日所为无愧于心，所以能够内省不疚。如果心中有忧惧，表面上却故做坦然，这样的人算不上不忧不惧。"

> 司马牛问君子。子曰："君子不忧不惧。"
>
> 曰："不忧不惧，斯谓之君子已乎？"子曰："内省不疚，夫何忧何惧？"（《论语·颜渊》）

可是司马牛还是仅停留在泛泛思考的层面，并没有用这句话来鉴照自己，发掘自身的缺点。

看着司马牛有些惶恐不安的神情，孔子严肃地告诫道："老是把别人的观感放在心头，这种人的心里，一定还有不够光明正大的地方。"

司马牛吃了一惊，这才意识到孔子是在指责他。"心里一定有不够光明正大的地方"这句话，强烈刺激了他的神经，他简直要蹦起来争辩了。

　　可是还没等他开口，孔子又说道："你的兄弟们的恶行，和你无关，这是你自问都不会有疑义的。你何必还是那么忧惧呢？何必像乞丐似的乞求他人对你的评判呢？那不是太偏爱自己了吗？……我们还有很多事情要做呢。"

　　孔子的话像一股强劲的风吹过，司马牛所有的忧惧一时全被吹散了。可是同时，他不得不准备面临更大的忧戚：当他带着崭新的思考从孔子身边走开，他发现人生的大道像一座巨大的巉岩矗立在他的面前。

# 孔子与叶公

　　叶公沈诸梁，自从孔子带着弟子来到他的国家以后，变得心神不宁。他还没有见过孔子，说实话，他也不大喜欢见他。因为叶虽然僭称为国，从前却不过是楚国的一个地方县。身为楚大夫的沈诸梁，看到楚虽是诸侯，却僭称为王，便仿而效之，在自己的食邑设立政府，自称为"公"。孔子一定对这事不以为然，说不定还会拿这个问题当面质问他。这么一想，叶公感到心里很没底。

　　并且，他也不打算在自己的国家里施行孔子所提倡的先王之道。他认为现今的局势，以务实为第一，那些迂远的道德论，只会对实际政治有妨碍。至于表面上的虚饰，他肚子里自有一套办法，用不着求教孔子。

　　"如果我会见孔子，他可能带来一些谁都不敢当面加以反驳的治国理想。若是听任他大放厥词，老百姓很容易受到蛊惑，以为先王之道很快就会实现。可是到了最后，还不是空欢喜一场？这种滥用许诺的政策，是最最危险的。小孩子们在没见到糖果前还很听话，一旦让他们看到，却不给他们，那就无法对付了。"叶公按照自己的逻辑思考着。但是，转而他又想到："据说孔子来到叶国的消息已经引起百姓的议论，他们说什么国家将会改变。传闻尚且闹得沸沸扬扬，如果我真的向孔子学习治国之道，其后果是不堪设想的。弄巧成拙的傻事应该尽量避免。但是，那么德高望重的人不远千里来访问我的国家，作为国君的我却对他不加理睐，似乎也有些说不过去。如果因此使老百姓怀疑我的德性，结果就更糟糕了。另外，也得考虑邻国的态度，万一邻国说什么叶国是一个小国，不懂得礼遇圣贤；或者说孔子根本不屑理睐我，这些闲话对我而言岂不是很大的耻辱吗？更有甚者，这种非难还会成为别国入侵的借口。说起来，哪一个国家也未曾真心实意迎纳孔子。就连他的祖国——鲁国虽然曾经重用他，如今却根本不欢迎他。或许所谓圣只不过是虚名，其实他未必有什么了不起的见识，如果是这样的话，见见他反而好些，只要当面揭穿了他的假面具，老百姓也就安于现状了。"想到这里，叶公的心里不禁安然下来，他甚至觉得自己已经看透了孔子的真面目，恨不得立即把孔子驱逐出境。

"这样说来，我倒正有一点想不明白了。按理说，初次访问一个国家，无论他是不是圣人，都应该懂得谒见君王的礼仪。而且，越是圣人，越应该懂礼啊。但是孔子却仅仅派他的弟子子路前来，一点也没有诚意，好像一国的国君不过是投饵待其上钩的鱼。孔子的做法十足是在吊人胃口。这可能是轻视小国的缘故。然而国家的君王怎么能以国土的大小论之？并且，那个叫作子路的家伙，真是讨厌极了。当我问起孔子的为人时，他的态度非常傲慢，根本不作回答。听说后来，孔子听了子路的汇报，还对子路说：'你为什么不说，他现在做事情，废寝忘食，乐以忘忧，根本感觉不到自己老之将至。'看他说的，不是有些狂妄自大吗？"

> 叶公问孔子于子路，子路不对。子曰："女奚不曰，其为人也，发愤忘食，乐以忘忧，不知老之将至云尔。"（《论语·述而》）

叶公极力想在内心里贬低孔子，可是他越努力，孔子的形象却越迫近于眼前，以一种无形的力量压迫着他的心。那种感觉好像是在他的宫殿前面忽然冒出一座大山，而且这山还在不断长高。

叶国的大臣也分为两派。有些大臣，因叶公不召见孔子而窃窃自喜；而另一些忠良的大臣，则因叶公的优柔寡断深感不安。他们猜想，由于孔子是当代最伟大的圣贤，叶公可能是因为自卑而畏缩不前，不敢召见孔子。于是他们寻找机会提出自己的看法，暗暗鼓励叶公接见孔子。可是，在叶公看来，臣下的劝谏无异于指责，这使他在心里起了一种不正常的反感。

"等着瞧吧，我会给孔子点厉害看看。"

虽然他有心让孔子下不来台，可是，在他的脑子里，根本就没有任何可与孔子争胜的高明见解。十多天来，他一直处于忧虑和苦闷之中。

那些有品德的大臣，在叶公迟迟不能做出决定的情况下，觉得自己有义务拜见孔子，以挽回社会舆论对国君的批评。于是，他们陆续前去访问孔子，向他求教。在他们的带领下，年轻的官吏和有志的年轻人也纷纷前往。很快，孔子下榻之处便门庭若市了，同时他在叶国的名望，也一天比一天增高。这些情况使叶公的处境愈加不利。

"叶公不敢见圣人，一定是因为心存愧怍。"街头巷尾，纷纷传出这样的议论。忠诚的大臣们认为这个问题不能再搁置，便将情况坦白地报告给叶公。叶公听了当然非常恼火。

"都是由于你们擅自访问孔子引发的这种局面。"叶公心里觉得愤愤然，真想怒叱这些大臣们。可是那样一来，他的处境势必更加孤立。他只好忍住满肚子牢骚，向他们询问孔子的为人，想从他们的回答里找出孔子的短处，哪怕是些微的瑕疵。可是他的目的却没有达到，更令他惊讶和生气的是，大臣们都异口同声地赞美孔子。

"都是些蠢货！"他在心里恨恨地说。叶公感到自己已经没有借口可寻，召见孔子势所必然。可是在嘴上，他还是尽量表现出强硬的态度。

"既然你们都认为他是非常伟大的人物，那我就见他一见。但在我们谈论政治时，如果我的见解胜过孔子，以后不准任何人拜访孔子。"虽然叶公完全没有自信，却说出了这番豪言壮语。他答应会见孔子，日期就安排在第二天。

那天晚上，他的心情真是沉重无比。回顾自己的政治生涯，要找出即使自省也不会感到愧疚的政绩是非常困难的事。思来想去，他只找到一件令他有信心的事——由于实施严刑峻法，在他的领地内，政令很顺利地得到贯彻。可是他清楚地知道，老百姓都憎厌这种严厉的法律，倘若毫无顾忌地谈论这个话题，在孔子面前也不见得对自己有利。他准备在谈话时不提严刑主义，只言称人民充满守法的精神。

忽然他想到几个月前，他批阅案件时，遇到的一件非常感动人的事。根据文书记载，事情的经过是这样的：有一个人，将邻居家迷失的羊偷偷地据为己有。邻居将这个人告到衙门，可是在辨认时，却无法说明哪只羊是自己的。衙门因为他缺乏证据，断其为诬告。可是，被告的儿子亲自到衙门来，向判案的官吏坦白父亲昧羊的经过。官吏依照法律，处罚了他的父亲，同时，对告发父亲的儿子，也按照规定发给奖金。

给叶公留下特别深刻印象的是，偷羊人的儿子当时所说的一句话："国法是神圣的，我要做诚实的百姓。"

"不错，这的确是一件非常珍贵的事例，牺牲父子之情而遵守国法，最有力地说明百姓具有守法精神。"叶公反复思考着这件事，直到他认为自己抓住了其中的要义，才稍稍宽心，不再为第二天与孔子的见面而烦恼了。

一见孔子，最让叶公感到意外的，是孔子衰老的面貌。他的脸被太阳晒得黧黑，衣服也显得很寒碜；而那种格外恭谦的态度，简直让人不习惯接受。叶公顿时如释重负，不禁为过去的紧张而感到好笑。于是他带着轻松的神气，开门见山地问孔子："老先生为求索真理历经坎坷，今天幸临鄙地，我希望能够听到您在政治方面的高见。"

孔子听完叶公缺乏真诚的话，稍微等了一会儿，才漫不经心地答道："治理国家，首先应该使本地的人民，也就是自己的人民能够安居乐业。"叶公觉得好像被针刺了一下，可是他实在悟不出这句话有什么实际意义。他猜想，孔子也许无论到哪个国家都是反复唠叨着这些话，于是便随口说道："这里的老百姓都对自己的生活很满意。"

孔子紧接着说道："那么远方的人民，也因仰慕您的仁德而来到贵国吗？"

叶公不觉一怔，他想到自己的国家，目下的情形恰恰相反，本地的百姓为了躲避严厉的律令，近来有不少人偷偷迁移到别的国家。看来这个老头子懂得相当多，他暗暗提醒自己要保持警惕。

"不敢当，不敢当。敝国还没有达到这样完美的境地。以后，一定在这方面多加努力。"

他只好坦白承认。他急于把话题转移到他所准备的问题上，因而很快改口说道："然而，施政不能满足于使人民安乐，我认为治国的根本是正民，即是使老百姓皆归于正，不知您以为如何？"

"可不是吗？政也可以说是正，不过，统治者如果不彻底了解什么才是正，有时候会造成意外的后果。"

"我相信在指导百姓、使他们遵守正直方面，我的努力还是有成效的。"

"那好极了。能够做到这样，足可以与尧舜相比了。"

叶公有些惶惑，他觉得孔子的夸奖太过分了，使他难以接受。可是还没等他回过神来，孔子又发问了："如果能举些例子给我说说，贵国的人民如何正直，我将感到很荣幸……"

叶公认为机会到了，是拿出他准备的实例的时候了。同时，顾虑到仅仅一个例子嫌少，他故意放慢语调，徐缓地讲述起父亲偷藏羊、儿子揭发的故事了。

听着叶公的话，孔子好几次皱起眉头。每一次看到孔子皱眉，叶公的信心就随之降低几分。等讲到告发自己父亲的儿子，领到政府给予的奖金时，他的声音小得几乎都听不见了。

孔子听完之后问道："在贵国，难道把这类人当作正直的人吗？"

叶公清楚地嗅到孔子话里的讥讽味道，他差不多被激怒了，昏头昏脑地从椅子上站起，负气地说道："是啊，像他这样遵守国法，把诚实看得比父子之爱还要重要，这难道还不是正直吗？"

"哦！请坐。"孔子用怜悯的目光看着他，说道，"您因为想勉强地辩胜我，不得已才引用这样奇特的例子，其实您不过描绘了一个检举告密的人而已。如果您真的关心政治问题的话，请认真听完我下面要说的话。"

叶公哑然，一旦心底的盘算被看穿，他就彻底失去了自信，失神地坐了下来。

孔子曰："贵国把告发自己的父亲当作正直，但在我的祖国，正直者的标准与此完全不同。父亲为孩子隐瞒，孩子为父亲隐瞒，这才是正直。"

> 叶公语孔子曰："吾党有直躬者，其父攘羊，而子证之。"孔子曰："吾党之直者异于是：父为子隐，子为父隐。——直在其中矣。"（《论语·子路》）

孔子的话一句比一句严肃，叶公的脸好像被冰雹击打的树叶，神经过敏地颤动着。然而孔子的话并没有讲完，他继续说道："人与人之间应遵守的正直，是为了保护育成人类之间的爱。并不是法律本身就是正义公道，只有当它能够促进社会的仁爱时，才能称为公平正义。请您绝对不要忘记这一点。尤其父子之间的爱，是天地间的至高之爱，是孕育人类一切善良的根基。容许假借法律之名，毫不在乎地践踏它，这样的国家是决不会有正道的。"

叶公虽然被孔子的威势所慑服，但仍不愿虚心接受孔子的教诲。他那苍白的脸依然流露出一丝试图反抗的神色。他不愿放弃他一向所采取的严刑主义。因为一旦废除严罚，租税的稽征便会立刻出现困难。他烦恼的是这一点。

孔子对叶公已经彻底失望，他觉得叶公像石头一样顽固，再继续谏言已没有什么意义。

两人的谈话很快就终止了。正如他刚才进来时一样，孔子悄悄地离开了。一走出叶公的宫殿，他便下定决心——尽快离开叶国，继续踏上他的漂泊之旅。

# 在陈绝粮

孔子周游列国期间，曾经回到鲁国一次。他在家乡大约待了两年，将全副精力用于研究诗书礼乐与教育弟子。可是，他并没有就此失去对当时社会的信心而归隐田园。怀着深切的救世理想和远大的政治抱负，孔子在鲁哀公即位的那年，以六十高龄的年迈之躯，第三次访问卫国。这时，他的孙子汲——子思刚刚出生不久。

这时的卫国，社会和政治局面十分混乱。卫灵公由于身体衰老，无力修整朝政；又因为他的儿子蒯聩杀了他宠幸的夫人南子，使得他的精神很不正常。而蒯聩负罪逃至晋国之后，据说得到晋国的援助，正在打灵公王位的主意。这些都使卫国国内弥漫着丑恶的、一触即发的战争气氛。得知孔子来到卫国，灵公完全忘了从前怠慢孔子的事，立刻召见了孔子。他向孔子请教的是军事战略问题，孔子只回答他说："惭愧得很，关于礼的问题我还略知一二，可是关于军事，我到现在也没有研究过。"

> 卫灵公问陈于孔子。孔子对曰："俎豆之事，则尝闻之矣；军旅之事，未之学也。"明日遂行。（《论语·卫灵公》）

孔子并不是完全没有军事知识，可是，他对于父子相斗、违背天伦的残酷战争，是绝不愿意提供丝毫帮助的。

翌日孔子便匆匆离开了卫国。之后，他又到过宋国、陈国、蔡国与叶国，然后又返回蔡国。这一趟出行，他的一片苦心全都白费了。他不但没有实现自己的目标，而且处处受到迫害与嘲笑。尤其他们一行在陈国与蔡国的边境上遭遇的困厄，应该算是孔子一生中最大的苦难。

当时，陈国受到吴国的侵略而向楚国求援，楚昭王为了援救陈国而进军城父。恰恰在这个时候，孔子一行正经过陈、蔡的国境，楚昭王得到消息后，马上派遣使者慰问孔子，邀请孔子到楚国。考虑到以前没有到过楚国，并且昭王也具有很高的声望，孔子便接受了聘请，师生们马上整装出发了。

这件事传出去后，最为不安的是陈、蔡两国的大夫们。以前，他们的国家之所以未曾重用孔子，绝不是因为不能赏识孔子，而是因为他们对孔子的伟大了解得越深，就越发对孔子敬而远之，不敢用他。虽然他们自己不想迎纳孔子，却非常疑忌别国重用孔子，孔子去楚这件事，在他们心里激起复杂的感想："孔子是一位了不起的智者。他谈论各国诸侯的弱点，真可谓一针见血。现在，他徘徊于陈、蔡两国之间，已经有不少日子了，对于我们国家的政治内情，一定了解得十分清楚。如果让楚国这样的大国得到孔子，在孔子的指导下，其国势将更加强大，势必威胁我们陈、蔡两国的安全。如果这样的话，我们的地位，恐怕也难以保得住。"

于是，两国的大夫经过秘密商议，决定各派一队士兵拦阻孔子一行。孔子一行人，因为无力与之抗衡，最后被围困在荒野。开始大家都感到很愤怒，弟子当中有两三个冲动地主张突破重围，但都受到孔子的训斥。大家没办法，只能静静等待着。

士兵久久没有撤离的迹象，好在他们只是围着，并没有伤害孔子及众弟子的意思。但是，烦恼的是缺少粮食。头一两天还勉强过得去，第三四天也还有稀饭糊口，可是到了第五天，粮食彻底告罄，连一粒米也没有了。大多数弟子由于饥饿和疲乏而体力耗尽，无精打采地卧倒在草地上。和众弟子一样，孔子也非常痛苦。几天来，他的脸明显地消瘦了。可是，他仍然孜孜不倦地讲述圣道，有时还通过弹琴唱歌来鼓励大家。勇敢的子路，身边挎着宝剑，形影不离地跟随着孔子，以防老师有什么不测。可是子路的内心绝不是平静的。他感到在这样危急紧要的关头，孔子竟然束手无策，很难使人信服。

"大家眼睁睁就要饿死了，还谈什么圣道，还奏什么音乐？那不是他在毫无办法的时候，自欺欺人的一种掩饰么？"子路心里暗暗埋怨着，时不时地瞟一眼孔子。

第五天的夜晚也快要过去了。初秋的夜，天上的星星闪闪烁烁，煞是美丽。可是地上却有几个正在生死边缘彷徨的人影，他们微弱地呼吸着，胡乱匍匐在草地上，有时可以听到他们从梦魇中发出的令人心惊的呻吟。

"老师！"子路低沉的声音忽然从黑暗中传来。

孔子有很长时间静坐着，好像陷入了冥想中，当他疲惫不堪、正准备躺下休息的时候，却听到了子路的声音。孔子重新端坐起来，静静地回过头看子路。子路问："君子也有困厄的时候吗？"

"困厄？"孔子略微思索了一会儿，心平气和地说，"当然，君子也有困厄的时候。"

看着子路不服气的神情，孔子继续平静地说："可是君子虽遭遇困厄，但是并不惊慌。因为心神不乱，所以道仍然展开在他的眼前！相反，小人遭到困厄的时候一定会惊慌失措，所以他就不会看见道，这才是真正的困厄啊！"

> 在陈绝粮，从者病，莫能兴。子路愠见曰："君子亦有穷乎？"
> 子曰："君子固穷，小人穷斯滥矣。"（《论语·卫灵公》）

孔子的话刚刚说完，一个在十几步外蹲着的影子突然站立起来，摇摇摆摆地走到孔子面前。原来是子贡，他断断续续地喘息着，在孔子对面坐下，于浓郁的黑暗中，瞪眼望着孔子。

"噢！子贡吗？"孔子非常慈祥地问他。

可是子贡却一声不响。他不会对孔子说无礼的话，但是，他的心此刻却蕴藏着更大的愤恨，对孔子的问话他只报以奚落的微笑。孔子似乎看得一清二楚，对弟子的了解使他可以透视黑夜。

孔子用温和的语调说："子贡，我辜负了你的期待，是吗？"子贡仍旧一声不响。他的呼吸越加急促起来。

"子贡，你以为我学过各种学问，一定知道对付各种情况的手段，是不是？"

"是啊。难——难道不是吗？"子贡的声音颤抖着。

孔子仰头望着夜空，微微地叹了口气。可是，他马上又把目光转向子贡，慢慢地，然而严厉地说："不，我并非博学多识，我不过是以先圣之道贯通万物，靠这个一贯的圣道，应付各种事情，推求事物的真理。我的生命也贯注于这唯一的圣道。"说完后，孔子陷入久久的沉默之中。

子曰:"赐也,女以予为多学而识之者与?"对曰:"然,非与?"曰:"非也,予一以贯之。"(《论语·卫灵公》)

他为弟子不能了解他的理想深深感到悲哀。同时,对眼前这些不能了悟他所讲的道理,然而始终追随他、与他同甘共苦的弟子们,不觉起了怜悯之情,他很想向他们说些安慰的话。

"可是……"他想,"我不可以放松,不能为了一时的感情而娇纵他们!也许,他们有的只是钻出了苗芽,却不能开花;也有的虽然开了花,却不能结果。可是,我不能放松对他们的修剪、栽培。因为,我爱他们,希望做他们的忠实朋友。既然是他们的忠实朋友,就不能一味顺从他们。难道他们有了错误,不去规谏吗?如果这时候退让一步,也就是在秉循天道方面的退让。推行圣道,正如筑一座山,如果欠了最后的一篑,也就完全归于失败了;又好像给凹洼的路填土,虽然现在只倒了一篑土,如果继续填上去,终究也可以填好。圣道是远大的。实践圣道,只能一步一步走,或进或退,都在于是否向苦难妥协。"

子曰:"譬如为山,未成一篑,止,吾止也。譬如平地,虽覆一篑,进,吾往也。"(《论语·子罕》)

孔子好像完全忘掉了这几天来的疲劳困顿,他转头回视子路,用低沉而清晰的声音说:"《诗经》上有一句:'匪兕匪虎,率彼旷野。'你还记得吗?"

"我记得。"

"是什么意思呢?"

"人与犀、虎之类的走兽不同。可是,人一旦走错了路,岂不是和那些在旷野徘徊的走兽一样了吗?我记得是这个意思。"

"嗯。那么你认为我的道怎样?是不是走错了路?我现在正像野兽一般彷徨于旷野中吗？"

"老师的道是不是有错误，我不敢确定地说。可是，当他人已经不相信自己的话时，应该认为自己的仁德还不尽完善；当别人不准备接受自己所标榜的道时，应该认为自己的道还不尽完美。"子路不客气地回答，从他的声调中，可以听出他满腹牢骚。

然而孔子却静静地说："那是你想错了。如果仁者的话一定会使人相信，那么伯夷、叔齐就不会饿死；要是智者的主张一定被采纳的话，王子比干也决不会被虐杀。"

听了孔子的话，子路感到无话可说，只好低下脑袋。于是，孔子又转向子贡说："《诗经》上说：'匪兕匪虎，率彼旷野。'是我所选择的道不对吗？我好像是只野兽在旷野里彷徨呀！"

子贡想了一会儿，回答说："老师的道太崇高了，因为太崇高，所以不能为天下人接受。不知可否稍微降低标准，以迎合社会上的需要呢？"

"迎合社会？"

孔子微微皱起眉头。他抑制住不快，尽量以平静的语气说："子贡，那的确是很聪明的想法。但是，一个好的农夫，他虽然善于农艺，可是在经商方面是缺乏才能的；又如，一个巧匠，他全副精神贯注于所制造出来的东西，未必能迎合他人的兴趣。同样，君子不能为了目前的利害得失而去迎合社会。为学的目的在于求道，不违背仁道的根本原则，就在于规范自己的言行。你的愿望好像不是真正为了求道，而是为了寻找获得功名的机会，如果这样的话，就太过聪明了。要抱有更远大的志向才对。"

子贡默默无言，像子路一样低垂了脑袋。孔子左右看了看，说道："颜回——颜回不在吗？"

颜回就在孔子的背后。平常就不大健康的他，经过这五天来的野宿和冻饿，身体比谁都要衰弱，但是，他的态度一如往常，端庄而恭谨。在渐渐透出光亮的天空映衬下，他的脸色几乎像死人一般苍白，可是他的双眼，仍然闪烁着聪慧的光芒。随着孔子的叫声，颜回马上站了起来。他绕过子贡来到孔子面前，恭敬地鞠了一躬。他的身影，像是在风中飘摇的青芦。孔子盯着他问道："《诗经》上说'匪兕匪虎，率彼旷野。'现在的我，完全像一只野兽了。你不认为我所走的路是错误的吗？"

"我想……"

颜回正准备说下去，孔子摇摇手说："站着说很容易疲倦，坐下来慢慢说吧！"

颜回坐下来，依然保持着端正的姿势。他把视线移到孔子的膝盖上，认真地说："老师的道是至高至大的，所以不能见容于天下。但是，我衷心祷告，能够排除一切阻碍，始终如一固守此道。天下不容纳老师的道，丝毫不值得忧虑，因为不被容纳，反而更能证明老师是一位君子哩！我们求学的人以不能修道为耻，而至大至高的道不能被容纳，则是治国者的耻辱。让我再说一遍吧，忧虑是毫无必要的，正因为不能被俗世采纳，才更能显出君子的真价值。"

颜回的面颊因为兴奋而渐渐变红了。讲完后，他再次站起来向孔子作揖。孔子的脸上露出笑容，他开玩笑似的说："不愧是颜回啊！讲得这样好，都可以做我的老师了。哈哈哈……"

不知不觉，天已经大亮了。孔子将子贡叫到身边，对他说："子贡，你现在就到城父，去向楚军求救吧。"

子贡怔了一下，迟疑地望着四周。他认为现在这个时间，天光大亮，根本无法逃出重围。可是孔子笑着说："今天已经是第六天了，包围的人也一定很疲惫。加之，他们以为天已大亮，便会放松警惕。"

正如孔子所说，疲惫的士兵纷纷睡着，包围非常涣散，子贡毫不费力地逃出包围，很快与楚军取得了联系。

在楚国的干涉下，陈、蔡的围困于次日便解除了。孔子一行受到楚军热烈的欢迎和招待。

# 第五辑

## 隐士大团圆

# 子击磬于卫

在失去鲁定公与权臣季氏的宠信后，孔子辞去官职，离开故乡开始他的远游。他和弟子最先来到卫国，寄宿在子路的大舅颜雠由的家里。

卫灵公虽然疏于管理国家，朝政松懈，但考虑到孔子的名高望重，他还是愿意孔子留在卫国。可是，对于如何安置孔子，他一时难以做出决定。而孔子所看重的根本不是爵位和俸禄，他所看重的是获得一个实现自己政治理想的机会。为了这个渺茫的机会，孔子耐心地等待着。

这段时间，孔子闲暇时经常吟诗、弹瑟与击磬。

今天天刚一亮，孔子就在房间里敲击磬子，悦耳的音律像水晶珠落在玉盘中似的，静静地流淌在清晨的空气里。

一个背着草笼、农夫模样的人，在经过门口时停住了脚步。在倾听了孔子的奏乐后，他轻轻地说："这击磬之人是个有心之人啊，绝非常人！"但是，又听了听，农夫忍不住摇着头说："不过，这人还摆脱不了很多俗念啊。"说完，这位农夫便走了，还很不以为然地吐了一口痰。

孔子的弟子冉有正巧走到门外，撞见这副光景，对这个农夫的闲话感到很生气。

"怪人。"他看着这个人的背影，心里说。

农夫好像听见了似的，忽然转回身子，向他走近了两三步。只见这个人脸上布满皱纹，怪模怪样的。他朝冉有咧着嘴笑，似乎很开心的样子，可是马上又收回了笑脸，伸出长长的舌头。

"原来是个疯子。"冉有这样想着，便朝着相反的方向走去，刚刚走了几步，那人突然大声地笑起来。冉有再次转过头来看他。

"嘿，原来你和屋里击磬的是一伙的呀。"说着，这人又像小孩子似的向他招手。冉有认定他是个疯子，本来不准备搭理他，可是总觉得被他戏弄了，很是恼火。于是，冉有站在那儿怒气冲冲地用眼睛瞪着农夫。

"嘻嘻嘻！别做出一副不服气的样子。听听里面那击磬的声音吧。"

"击磬的声音怎么了？"

"不是很高明吗？"

"你也懂这音律？"

"当然！还懂得很不少哩。你听，那旋律里面含有尘世的灰垢，听来怪可怜的。"

"你在讲什么？！"

"唉！怎么就生气了？这样容易生气的话，人就像那个声音一样卑俗了。"

"什么？那磬音卑俗？"

"对啊。不够高明啊。你听，这乐声如金石般坚确！没有人赏识自己，自己独善其身便好了啊！"然后，农夫又笑着看了看冉有，继续说："虽然他的乐声里也有天真可爱的地方，可总的说来，还是不够高远。你听，那乐声不是包含着无法解脱的怨诉吗？大概很是恼怒忧郁的样子。不过，和你的恼怒比起来，气质还差得远呢。"

冉有觉得这个人疯疯癫癫的，不禁有点儿害怕，他想躲得远远的。

"哈哈哈，想溜走？一会儿发脾气，一会儿又想开溜，真是不够爽快。能不能干脆一点？"

"你是说我？"冉有鼓起勇气问道。

"对，并且那个击磬的人也是。"

"那个击磬的人，可是当代的圣人哩！"

"算是一位不够豁达的圣人啊。"

"……"

冉有觉得对方的话太过分，但又找不到合适的词句驳斥他，一时哑然失色，怔在原地。

"可不是吗？既然没有人赏识自己，干脆隐退就是了。何必到处流浪徘徊？哈哈哈，太不识相了。"

"我的老师可是……"

"哟，那是你的老师吗？对了，说起来你们是有些很像的地方。你虽然也是被社会遗弃，可是仍然恋恋不舍于尘世呢。"

"……"

"如果对世俗社会那么留恋，就不要太固执己见，干脆找一个国君，侍奉他就得了。如果仍旧固守真理不移，何不干脆遁世隐居。"

冉有被那人说得哑口无言，他头昏脑胀，不断地眨着眼睛。忽然，那农人大声地唱着歌，装出滑稽的样子掉头走了，歌词清楚地传入冉有的耳朵里："深则厉，浅则揭……"它的意思岂不是说，涉世如同过河一样，要适深浅之宜。而老师现在不为人知却不知止，不是太不适时宜了吗？

这样想着，冉有好像着了魔似的，半天望着农夫离去的背影发呆。俄然，他清醒过来，想到这个人就是所谓的隐士。以前，他经常听到人们说起，在各地山林荒野中都有打扮成农夫或者樵夫的隐士，他今天第一次真正见到了。因此，他像有了重大发现似的飞快跑回去，等孔子一停下击磬，便喘着粗气将刚才的见闻报告给孔子。

孔子听完，叹息着说："很爽快的人啊！他是一心想要忘世，那就没什么事情可以难倒他了。"

> 子击磬于卫，有荷蒉而过孔氏之门者，曰："有心哉，击磬乎！"既而曰："鄙哉，硁硁乎！莫己知也，斯己而已矣。深则厉，浅则揭。"
>
> 子曰："果哉！末之难矣。"（《论语·宪问》）

看着冉有不解地望着自己，孔子转而平缓地说道："不过，忘世并不难，就是说只保持自己一个人的高洁并不怎样困难，最难做到的，是心存天下世道，是要使天下的人民都具有高洁的品质。"冉有听了孔子的话，方才平息了内心杂念。于是又出去干他的差事了。

# 子路问津

初春的天气，风还带着微微的寒意。落日的余晖被天上的乌云遮蔽着，乍隐乍现，在田野上落下变幻不定的影子。

见过叶公后大感失望的孔子，从楚地去蔡国的一路上，难免有些寂寞。他闭着眼睛坐在车上，在车子的颠簸中，陷入沉思默想。前边驾车的子路，也好久不说一句话，只是闷头赶路。别的弟子也都很疲倦，他们拖着酸软的双脚，在黄色的沙尘里摇晃着身体，已经落后车子很大一段距离。

"休息一会儿，怎样？"孔子从车厢里探出头，看了看落在后边的弟子，向子路说。

"是——"子路有气无力地回答。可是轧轧的马车声还是不停地响着。

"大家不是也累了？"孔子用轻轻的、可是带些责问的口气说。

"快到渡口了，我想。"子路好像觉得孔子的话太啰嗦了，他随随便便答了一句。孔子也就不再作声。

又过了大约一刻钟的光景，子路突然刹住了车子。在他前面，出现两条方向不同的路。子路握着马鞭，在胸前拱起手来，望着前面的岔路发呆。

"怎么啦……要休息了?"孔子从车厢里探出身子说。

"我在想哪一边是去渡口的路。"

孔子笑了,他默默地望着子路那强壮的背影。但是子路像木偶似的,愣了半天,一点也不动。

"只是想想就能够知道吗?"孔子不觉挖苦了他一句。近来,孔子时常对子路说些挖苦的话。

子路没有像往日那样迅速做出反应,他仍然目不转睛地凝视着前方,倔强地答道:"我想,会知道的。"

孔子止住微笑,脸上有些阴沉了。他知道子路心里有所疑难时,每次都对自己视若无见,听若无闻。这是他的恶癖。

"子路不只是在想选择哪条路到渡口。"孔子已大略猜到子路正在烦恼些什么,"这也难怪,在弟子之中,他最不适合过这种平凡而寂寞的漂泊生活。"

但是,孔子并没有把想到的话说出来,他只是怜悯地望着子路的侧脸。过了一会儿,他又把视线移到周围的田野,离开大路不远处,有一座墓地一般大小的山冈,山冈前面,有两个农夫正忙着耕锄。

孔子将目光收回来,对子路说:

"独自闷想,倒不如问问别人。你看,那里有人!"

"是。"子路这才转回头来。他神色恍惚地看着孔子,似乎并没有完全听明白。

"快点去问他们,由我执辔好了。"

"费心,费心。"

子路慌慌张张地点头,他把马缰交给孔子,很快地往两个农夫那边跑去。从后面看去,子路的样子很是好笑。可是孔子笑不出来,望着子路渐远的背影,他的心底深深地被触动。

"喂——"子路只跑到半路就向农夫大声喊叫。

农夫好像没听到，头都不抬一下。子路只好走近些又叫，可是两个人还是置若罔闻。

一直从车子里望着的孔子，看到这种情景不禁为子路担心，他猜测那两个人不是普通的农夫，子路无礼的态度也许会惹恼他们。

"如果是两个隐士，子路恐怕难以应付他们。"

真是这样的话，孔子猜想，子路和他们两人进行的对话一定很有趣。孔子坐在车里，好像既不放心又有些不耐烦的样子，不过他仍旧远远地望着子路。

看到两个农夫根本不理会他，子路很生气。他无可奈何地走到他们面前，大声斥责道："喂——我叫了你们那么久，难道你们没听到吗？"

其中的高个子农夫这时抬起头，对着子路端详了一会儿，忽然发出一声嘲笑似的怪声，接着便又俯首做事去了。其实这个高个子名叫长沮，是个年纪五十左右，留着三四寸胡须的隐士。

子路这时才意识到自己的不对，他有点儿不好意思，立刻改用很有礼貌的态度说："哎呀！很抱歉。因为不知道哪一条是去往渡口的路……"

长沮再次抬头看子路，脸色比刚才好看些了。可是他仍不答复子路的问话，而是举目向子路来的方向望去，发现孔子的车舆后，又瞪眼望着子路，怀疑似的问道："你们……"

"我们想去渡口……"子路微微鞠躬，再次恭敬地询问他们。

"那是谁？在车上执辔的……"

子路觉得这人实在欺人太甚，不但不回答他的问话，倒毫不客气地反问车上的人是谁，子路憋着一肚子气，尽量客气地答道："他叫孔丘。"

"孔丘，就是鲁国的孔丘吗？"

"是的。"

"那么，他该知道渡口在哪里啊。"说着，长沮又弯下腰，用锄头刨起土来。随后，任凭子路怎样问他，他却像哑巴似的一句话也不说。

子路呆呆站着，一时没了办法。

另一个农夫——名叫桀溺，长着一副像矮冬瓜似的身材——完全不理睬周围发生的事，连抬头看子路一眼都没有，一心一意地在新翻的泥土上播种。子路心想，这个胖子可能比高个子性情好些。于是他走近桀溺，问他通往渡口的路。

"什么渡口?"桀溺头也不抬地哼了一句。

"去渡口是往右还是往左?"

"右边也好，左边也好，走你喜欢的便是。"

"两条路都可以到?"

"不。"桀溺忽然抬起头来。他的脸色红润，看来要比长沮年轻三四岁。"不。"他重复了一遍，笑了。他的眼睛眯成一条缝，嵌在肥胖的大脸上，像是两条细长的皱纹。

子路被弄得莫名其妙，简直有些哭笑不得。这时，桀溺忽然不笑了，他装出认真的样子，将子路上上下下打量了一番。

"你是谁啊?"

"我叫仲由。"子路坦白地将名字告诉他。

"仲由?是孔丘的弟子吧?"

"是的，是他的弟子之一。"

"哈哈哈——"桀溺突然大笑起来，笑得那样放肆，正像砂锅里的豆腐，被煮熟后，从裂口里喷出蒸汽来。

尽管子路已经完全被桀溺激怒了，但是桀溺对子路的愤怒表情却根本没注意到似的，望着别处说道: "孔丘的伙伴，难怪找不到渡口。可怜!"

子路再也忍耐不住了，他摩拳擦掌，准备给对方点颜色看看。

"喂，仲由兄，你这样摩拳擦掌，也解决不了问题哩。既然你是孔丘的高徒，那么，我请问你，当今的社会怎样？"

子路松开拳头，暂且抑制住怒气，眨着眼睛听他怎么说。

"到处都像泥沼一样，当今的社会是不是这样，仲由兄？"

"不错，一点儿也不错，所以……"

"所以，正在寻找渡口。你不是想这样说吗？然而，不是哪个渡口都不能让你的老师满意吗？"

对方的话似乎含有讥讽之意，子路觉得应该为老师辩护。可是同时，在他心底，却响起了对这些话的共鸣，很久以来，自己不就渴望对老师说出同样的话吗？子路激动起来，兴奋地凝视着对方的脸。

"既想涉过泥沼，却又嫌厌泥水玷污了他，说来你的老师未免太多欲了。像现在这个时代，哪里能够找到让你们中意的渡船呢？

"仲由兄，你应该明白，既然现今的社会像泛滥的洪水，谁又能改变呢？那么尽可能逃到洪水无法侵袭的高山，这才是上策啊。与其跟着避人之人，何如跟从避世之人呢？"

听到这些话，子路像是被感动了，又像是愤慨，莫名所以然地呆立不动。

"哦？你的脸色怎么了？难怪是孔丘的伙伴，看来你也很不懂事。如果对尘世仍旧念念不忘，那也没话可说；可是选来选去，这个诸侯也不中意，那个诸侯也不合适，岂不是五十步笑百步？只要超越这种狭隘的观念，一切不都可以看破吗？何不无牵无涉，袖手旁观，这样不就飘飘然如登仙境了吗？哈哈哈！"

"不过……"子路很想认真地与他谈谈。可是桀溺这时已经转过身子，把他那圆圆的屁股朝着子路，弯着身子又开始播种了，任子路再讲什么，都一概不再搭理。

不知怎的，子路不再感到生气。至今，他已经碰见过好几个隐士了，然而都不曾受到像今天这样的愚弄：对方不但不告诉他去渡口的路，还把自己和老师说得一文不值。若是按他往常的脾气，绝不肯就此善罢甘休，可是今天，他却意外地沉默温和。

对于这些隐士的玩世态度，子路总不会有好感，可是，从他们的生活方式中所表现出来的自由、安详和达观，都让他为之深深感动。子路觉得，他们都具有孔子所欠缺的某种高雅。

子路回转身，一边慢慢地往回走，一边望着孔子的车。想起在车里寂寞地坐着的孔子，他的眼睛陡然红了，一种强烈的、欲要诘问孔子的念头升上了他的心头。于是，他蓦地向孔子的车子跑过去。

落在后面的弟子，这时也到达了。他们正簇拥在车子周围，和孔子谈论着什么。看到子路回来，大家停止了谈话，把目光一齐转向他。子路连看也不看他们一眼，很粗暴地推开了他们，突然把双手放在车窗的框沿上。

孔子微笑着说："怎么了，花那么多的时间？"

子路激动得不知从何说起。他急促地喘着粗气，好几次用拳头揉揉眼睛。

"好像遇到了隐士？"孔子想镇静子路的情绪，轻轻地说。

"是的，是隐士。很高贵的隐士哩。"子路的声音像爆发似的喷出来，一边说一边盯住孔子。

可是孔子的目光并没有退缩，依旧安详地迎着子路的目光，而他的面容也一如平常那样明朗。这完全出乎子路意料，他原以为，在自己强烈的发作之下，孔子的脸色必然很难看。

"哟！那很好。你跟他们谈过些什么？"孔子颇感兴趣地问。

子路本想坦白地提出自己的意见，以敦促孔子有所反省。可是现在，当一时的冲动过去，他哪里还敢提起它呢？连报告刚才的经过也觉得很是勉强哩。

孔子闭上眼，学生们却睁大着眼，听子路报告事情的原委。听完了子路的叙说，弟子们面面相觑。随后，每个人都极为不安地偷偷观察孔子的表情。孔子仍然闭着眼，像是在深思，过了一会儿，他深深地叹了口气，对子路说："那么，渡口往哪里走呢？"

子路愕然了。他觉得自己好像正在庄严的殿堂中，受着神圣的审问似的，一动也不敢动。孔子的话，像天音传来："我要走尘世间的路。不和众人在一起，我的心便不能安宁。"

孔子把呆呆的子路丢在原地，用目光扫视着其他弟子，接着说道："放吟山野，与鸟兽为友，或许这也是一种生活方式吧。可是，我不能效仿。因为，我不得不认为这是一个懦夫，或者是道地的自私自利的人所选择的路。我只循着正当的人类的路，正正当当地走，也就是，和所有的人同甘共苦，只有这样，我才能得到快乐与安宁。那些隐士认为在这么污浊的社会里，根本没有什么值得留恋，不该有所企求。可是，依我看来，正因为这个社会这般紊乱混浊，我才希望跟众人投身于它，与人民同受苦难。如果社会已经步入正道，我也就不必辛辛苦苦地过这种流浪的生活了。"

> 长沮、桀溺耦而耕，孔子过之，使子路问津焉。
>
> 长沮曰："夫执舆者为谁？"
>
> 子路曰："为孔丘。"
>
> 曰："是鲁孔丘与？"
>
> 曰："是也。"
>
> 曰："是知津矣。"
>
> 问于桀溺。

> 桀溺曰："子为谁？"
>
> 曰："为仲由。"
>
> 曰："是鲁孔丘之徒与？"
>
> 对曰："然。"
>
> 曰："滔滔者天下皆是也，而谁以易之？且而与其从辟人之士
> 也，岂若从辟世之士哉？"耰而不辍。
>
> 子路行以告。
>
> 夫子怃然曰："鸟兽不可与同群，吾非斯人之徒与而谁与？天下
> 有道，丘不与易也。"（《论语·微子》）

学生们静静地倾听着孔子的话。子路的双眼，不知何时已充满了泪水。他把眼睛眨了好几次，用力地凝视着孔子。在这黄昏的余晖里，他仿佛第一次，清楚地看见了那拥抱着人生的苦难而净化入圣的孔子的面容。

"老师，我刚才对您抱有不恭敬的想法哩。"

子路面对着孔子，眼泪不觉潸潸而下。

孔子只是默默地把马缰交还给子路。然后，他回过头愉快地对大家说："我们让子路选择吧。走错了路，再转回来就是了。"

大家不禁笑了起来。子路也红着眼睛笑了。

正在这个时候，那两个隐士竖起锄头，把身子斜倚着，远远地向这边观望。

子路觉得他们像是挂着锄头的稻草人，再也不会打扰自己了。想到这里，他高高兴兴地驾起了孔子的车舆。

不知在何处，乌鸦像嘲笑似的叫着。

# 第六辑

## 孔子与弟子

# 宰予昼寝

宰予午睡醒来，伸了个懒腰，慢吞吞地起身下床。四周寂静无声，他坐在椅子上，手托着下颌，神思恍惚地望着窗外。

阳光斜斜地照进院子，在石阶上落下细长的影子。两三只麻雀，突然惊飞起来，转而又停在屋脊上。屋脊上的瓦片，反射着太阳的金色光芒。透过这光芒，栖止的麻雀如剪影一般清晰可见。

睡过时候了，他想。他变得有点紧张，好像在注意听着什么。

从远处的教室，传来细微的念诵声。

"不错，是睡过时候了。"他觉得有点惊慌。蓦地，从椅子上跳了起来，急急地走出寝室。可是到了门槛处，忽然又停住脚步，回头用眼睛望着床铺。

"没有什么借口，那多不好意思。"他一面自言自语，一面在室内轻轻地走着。后来在桌旁停留了一会儿，用袖子擦擦眼睛，终于下定决心，神色冷静地走出寝室。

宰予穿过走廊，来到大家正在上课的教室前。他在外面站了一会儿，倾听着教室里的动静。教室里，讨论正在热烈地进行，孔子的声音，也可以听得很清楚。经过一番犹豫之后，宰予毅然推开教室的门。

一时间，教室里的谈话都停住了，众人的视线不约而同地集中到宰予身上。他觉得自己好像站在悬冰上，两只脚不由自主地发抖。但是，他勉强装出镇静的样子，走到孔子面前，向孔子敬礼。

孔子略微看了他一眼。宰予本想抓住这个机会说话，但由于紧张，一个字也说不出，只是一味吞着口水。

这时孔子已经转向大家，继续讲授课程："有人可以一同学习，但是不能有共同的志向。"

宰予觉得，孔子的话暗含对自己的指责，这使他手足无措，呆呆地站在原地。接着，孔子又谆谆教导说："有人可以有共同的志向，但是不能在一同取得成就后还坚持不变、立于世间。"

> 子曰："可与共学，未可与适道；可与适道，未可与立；可与立，未可与权。"（《论语·子罕》）

听完这话，宰予又觉得，孔子的话，并不是针对他一个人说的，紧张的情绪稍微放松了。不过，因为不好意思立刻回到座位上，他依然站在那里。

"但是……"

孔子把身子稍微向前挺直，说道："有人可以一同取得成就，但是不能一同通权达变。"

宰予觉得这话的道理太深奥了。他暗自思忖，在权衡轻重、随机应变方面，相信自己的智慧绝不逊于别人。思考缓解了内心的紧张不安，宰予恢复了镇定，向自己的座位走去。

就在他走到座位前，正要坐下的那一瞬，孔子突然叫了他一声："宰予！"

声音虽然并不高，宰予听了却大吃一惊。宰予的腿肚痉挛了一下，像木头似的站直了。

"我们研究的问题，对你根本没有用处，你回去休息好了。"

大家不约而同地看着孔子，之后，又将视线转移到宰予脸上。宰予觉得，有那么一会儿，他好像被卷进一阵无声的飓风，身体脱离了地面。不过，他的意识仍很清楚，他手足无措地说：

"老师，我迟到了。因为……"

"因为?"

孔子严厉地盯着宰予。宰予有点畏缩了，他不敢再说下去。孔子又说："如果你想掩饰，就不必再多费口舌。那是错上加错。"

宰予慌张极了。但是，事已至此，他忍不住还想找些借口狡辩，这也是他的性格使然。

"因为……"

孔子的脸像布满乌云的天空，越发阴沉了。

"宰予!"

孔子的声音听上去沉痛而凝重，不仅宰予，连教室里的其他学生，都不禁低下了头。

"你还想犯上三重、四重的过失吗? 这样，你无异于自甘堕落，与朽木和粪土之墙无异。朽木不能雕刻; 粪土之墙，涂得再怎样光滑，都会很快剥落。我对宰予还能有什么责备呢?"

说完，孔子的视线就从宰予身上移开了。忽然，他又低声说道："对不起，刚才我的话过于激烈了。其实我并不想多说——责备宰予，又有什么用呢?"

宰予简直快要气闷晕倒了。他强打精神，尽量站着不动。很久，没有一个人敢说话。光线暗淡的教室里，充满着闷热的空气。一片死寂之中，大家身上慢慢渗出了汗珠。

"宰予! 你自己好好反省吧!"

孔子慈祥的声音赶走了沉默。宰予慢慢移动脚步，在大家的注视下无声地走出教室。等宰予的脚步声消逝之后，孔子俯视着大家说道：

"我一直相信，大家都能做到言出必行。可是，以后我不再这么想了。如果不彻底观察你们的言行，我不能放心。有些人不是和宰予一样么？从宰予这里我改变了想法。"

> 宰予昼寝，子曰："朽木不可雕也，粪土之墙不可圬也；于予与何诛？"子曰："始吾于人也，听其言而信其行；今吾于人也，听其言而观其行，于予与改是。"（《论语·公冶长》）

学生们低着头，连动也不敢动。

"我常说：过，则勿惮改。任何人都难免会犯错，就是说，一时的过失，谁都会有的。可是，过而改之，则复于无过；惟不能改，则其过遂成，而毕生将不及改矣。而且，所谓'过'，亦有小人之过与君子之过的区别。观察一个过失，可以知道其人仁与不仁，所谓观过知仁是也。无论如何，不可以靠言辞来蒙蔽真相，有这种心理是错误的。如果宽恕这种人，社会生活便失去了诚信。诚信是与他人相处时最重要的法则。人如果没有诚信，就好像大车没有销钉，车与牛马脱离，一步也不能前进。社会也如此，人而无信，不知其可也。所以，我希望，别种过失，暂且不提，关于这一点，即言辞上的掩饰与欺骗，大家要避免。"

孔子对弟子谆谆教诲。说罢上面一番话，他闭眼静思了一会儿，忽然又有所感触似的，睁开眼睛说道："犯错的，不只是宰予一人。现在的社会，靠巧言令色过活的人居多。知道自己的过失，口不言而心自咎的人，可以说几乎没有。想到这一点，多么使人失望啊。不过，反过来想，这样的社会，才需要互相勉励精进啊。大家也反省反省吧，能够称为师长的，不一定只限于为人师者。三人行，必有吾师焉；择其善者而从之，其不善者而改之。这样，圣贤与普通人，皆为我师。按这种说法，宰予也是你们的老师呢。大家不可以憎恶鄙视他，只要努力自我反省就是。"

说罢，孔子退出教室。

当天晚上，宰予忐忑不安地来到孔子的房间，希望老师已经平息了怒气，自己有机会获得原谅。出乎宰予的预料，孔子非常和蔼地接待了他。师徒两人相对而坐，说了很多话。孔子用白天给弟子们讲过的话，连同其他一些道理，告诫了宰予。诸如：

"人之初，性本善。人生来都是至诚至善的。社会上，有些人被坏的习气所染，邪曲诬罔，失去了正直的天性，他们虽然自鸣得意，其实不过是他们的运气还好，一时得免天诛罢了。"

又如：

"学问是为充实自己，而非欲见知于人。不幸的是，今天的学者，却往往为求见知于人而追求学问。"

> 子曰："古之学者为己，今之学者为人。"（《论语·宪问》）

虽然宰予频频点头地听着，可是总也无法心服口服地接纳孔子的这些教训。

"午睡过了时候，算是自己倒霉就是。"他还不忘为白天的过错辩护。"虽说，学问是为充实自己，可是，不与社会发生关系，也是无意义的。"在他心里，还是存着这种反驳的意见。

对于宰予的这种怀疑的态度，孔子并不是观察不出来。一时间孔子有些失望了，他觉得对宰予的教育也许是无能为力的。最后，他说：

"人的心，未依循天理，便不能平坦开阔。如果你老是抱着这种思想的话，你的心永远是戚戚不安的……好了，时间不早了，回去休息罢。"

宰予好像获得解放似的站了起来，心中觉得很高兴。可是，在他的心里，滋生了一种以前未曾体会到的缺陷感，这使他较白天的态度认真多了。

# 申枨之欲

　　最近孔子有一个发现：向来他认为很可靠的弟子，一旦做了官，便失去了刚毅的德性，在政治上轻易与权臣妥协。这个发现让他感到非常失望。于是，这几天他看到弟子就说："我没有见过刚毅、刚烈之人呀。"说完便叹息不已。

　　听到老师这样说，弟子们大都觉得奇怪。他们想：仁、智或者中庸，像这种至高的美德，自然不敢自诩具备，但是说到刚毅，有这种德性的人，同学中间一定有很多。首先，谁都会想到子路。其次，若论年轻的弟子，申枨便是很有魄力的一个。

　　申枨是个二十刚出头的青年。脸上生着浓密的胡须，一对大眼炯炯放光；与人辩论的时候，总是以他雷鸣般的声音轻易压倒对方。个性刚强的他，无论对前辈还是对年龄相当的同学，一点也不讲客气。他时常挑衅似的耸起肩膀，像是要找人打架。同学都尽量回避和他交往，甚至孔子，有时候也不知道拿他怎么办。

　　年轻的弟子，对他这种倔强的个性，虽然感到难以认同，却也乐得有这么一个人存在。因为，年轻的弟子有一种同感，那就是，年纪较大的弟子在孔子面前，尽管装出谦虚恭敬的样子，有时候紧张得连说话都有点口吃；然而对年少的师弟，却摆出一副傲慢自大的脸孔，架子十足，使他们很是气闷。唯有申枨不买这些前辈的账，时常毫不保留地痛斥他们。虽然难免有强词夺理的成分，可是着实让年轻的弟子解气，觉得申枨始终在替他们辩护。所以，在年轻的弟子中，申枨是最受欢迎与尊敬的人。他们嘴上不说，在心里却暗暗嘀咕："就性格刚毅来说，还是申枨最够资格。前辈子路，恐怕也比不上他。"这几乎已经成为他们的统一认识。

有一天，这些年轻弟子当中的几个在孔子的房间听讲，当他们再次听到孔子讲"吾未见刚者……吾未见刚者"时，有个弟子忍不住问道："申枨如何？"

忽然听到这种提问，孔子感到莫名其妙，他审视了一会儿在座的弟子，用充满怜悯的口吻答道："申枨也是充满欲望的，怎么能称得上刚毅呢？"

> 子曰："吾未见刚者。"或对曰："申枨。"子曰："枨也欲，焉得刚？"（《论语·公冶长》）

弟子们都觉得孔子的话难以理解：首先，他们不认为申枨是个多欲的人；相反，在他们看来，申枨对金钱一向表现出极其冷淡的态度，对善于理财的子贡，他就很反感。虽然和颜回相比，他还是有些差距，可是指责申枨多欲，却是件不可思议的事。至于他是一个刚强的人，这一点，谁也不能否认，他平日的言行都是很好的佐证。看来，孔子对申枨的倔强个性，仍然想不到好的对策哩。

想到这里，他们中间比较冒失的人立刻反驳道："老师您说申枨多欲，我想也许有点苛刻了。"

孔子微笑着说："太苛刻了吗？不过，我倒以为申枨还不是一般的多欲哩。"

弟子们愕然地望着孔子，一时有些摸不着头脑。孔子接着又说："不只是贪财才称作欲。欲有各种不同的形态，申枨负气争强，个性刚愎执迷，这就是嗜欲呢。所谓欲，就是不待辨别是非，一定要胜过别人的一种私心。顺乎天理而积蓄钱财，不能算是嗜欲。反之，对金钱虽不贪婪，但是挟意气而与别人相争，就算他的性格刚直，也会因为怀有强烈的表现欲而感情用事，这便要算有欲了。这样极端嗜欲的人，如何称得上刚毅呢？"

听完孔子关于"欲"的说明，弟子们才明白了孔子的意思。根据孔子的说明，他们认识到申枨的确是个争强负气的人。可是他们仍不能理解何以争强负气就不能称作"刚"。于是，他们依旧眉头紧皱，神情迷惑地望着孔子。

"还不了解么？"孔子叹了口气，有些失望似的说，"刚这种德性，不是用于制胜他人，而是用于制胜自己的私欲。做事顺乎天理，不避利害祸福，始终保持安宁如一的心，这才算是真正的刚呢！"

学生们都不约而同地俯首，被孔子的话所深深地折服了。

孔子微笑着说道："不过，你们还要向申枨学习才是。申枨的刚愎与争强，并不是为了金钱或权势，而是为了追求天理而努力哩。"

年轻的弟子们，好像在最紧要的关头被击中了要害似的。他们好几次面面相觑，最后，都带着尴尬的表情溜走了。

# 伯牛有疾

最近一段时间，冉伯牛患有麻风病的症状更显明了：他的手部和面部的皮肤变得干燥，到处可以看到浮肿的毒疹；紫红色的皮肉像霉烂的红柿子似的渗出腐臭的黄色脓汁。

前来探病的友人这几个月来也一天天地减少。不过这样倒好，本来冉伯牛也不喜欢让朋友们看到他那难看的脸面，他倒是希望最好大家谁也别来。当然，他的心底是充满惆怅的，这种寂寞感像秋水一般冷冰冰地渗透了他的心。而在他灰暗的内心深处，对人生的憎恨与诅咒，像浊流似的不断起伏着。

尤其是在空气清爽的早晨，他静静地躺在病床上，透过窗子望着和煦的阳光照射着树木，一片片绿叶熠熠生辉。冉伯牛不禁感慨上天的残酷无情，而且是仅仅对他一个人极端不公。

"在这样洁净的阳光之下，眼巴巴地望着皮肉慢慢地腐烂下去……这不是上天所安排的毒辣的恶戏吗？人生既然是如此残酷无情，人怎么可以信从天呢？"左思右想之后，冉伯牛把眼睛转向阴暗病房的角落。

但是和最初发觉这种可怕的病症时那种惊慌失措比较，可以说他现在已经恢复了平静。记得在发病之初，极端恐惧之下，他像没有灵魂的木偶似的，整天在家里徘徊着，在他那充满烦躁与绝望的脑子里，连悲伤和憎恨的情绪也都麻木了。等到他从短暂的发作中清醒过来之后，才发觉自己曾陷入严重的错乱之中。

颓丧至极的冉伯牛，之所以能够恢复精神正常，仍然保持着爱憎的情性而不至于自暴自弃，都是因为孔子的鼓励。

孔子常常前来看望他。他不断地安慰伯牛，有时用话语鼓励他，有时则给他很多的教诲。在那些安慰的话里，孔子时常提到大家一同周游列国时所尝到的许多劳苦，尤其是受困于陈蔡之旷野挨饿受冻的往事。对伯牛来说，像这一类的回忆最能引起他对生的留恋。虽然大家的安慰、鼓励与教训仍旧难以使他振作，可是当他从孔子的口里再次听到周游列国期间一起遭受到的危险时，他那枯萎而消沉了的心，对于生命的欲求便随之复苏。孔子喃喃的叙说，像露水似的一滴滴滋润着他的心田。

同时，他的理智也渐渐地恢复正常。近来病况虽然又有加深，可是他不再像以前那样大惊小怪，甚至丧失理智。并且，他最近正在努力克服悲伤与怨天的心理：如何轻视自己的恶疾，做到和从前一样集中精神学习仁道；如何在思想上超越生死的纠缠等，成为他当下思考的问题。"在德行方面，老师曾经将我和颜渊、闵子骞、仲弓相提并论，并极言褒扬我，使我不禁沾沾自喜。如今回想起来，我的德行不过像是积木玩具所堆成的，一旦受到外力的撞击，竟然崩溃得这般可怜。不能克服自己的病苦和命运，这算得上什么德行？"冉伯牛苦苦追问，和疾病的折磨相比，内心的悔愧不安更让他难以平静。

不过，最使他难忘的还是当初在陈蔡两国的疆界上，当师生们身遭困境，米炊断绝时，孔子对子路说过的话："君子固穷，小人穷斯滥矣。"记得老师还曾经说过这样的话："三军可夺帅也，匹夫不可夺志也。"

不错，无论什么时候，能够始终保持精神纯正的人，才可以说是真正有德行的人。可是这种从容不迫的修养，这种深恒的毅力从哪里获得呢？

"多么宝贵的训诫啊！只因染上病疾我就这般颠狂错乱，是多么可耻啊！这种刚毅不移的意志的原动力究竟是什么呢？我仍然不能领会。直到今天，对于这种最紧要的问题，我不是依然怠于研究，只是在形式上模仿了老师与前辈的言行吗？"

通过不断反省而希冀获得解脱的伯牛，不再像从前那么痛苦了。至少，在自我反省的时候，他可以忘掉肉体上正在进行着的腐烂。在他的心灵里，已照进了富于人生之爱的光辉。不过病痛的折磨并没有消失，每次翻转身子时，遍身的皮肤都会疼痛起来，使他忍不住检视自己浮肿的手，双手轻轻地抚摸那腐烂的紫红色的脸面，用指头小心地碰触鼻尖和眉毛。每当这个时候，恐惧、畏缩、猜疑与怨愤等复杂的感情就会涌上心头。

不知怎的，今天从清晨到现在，他的心总是不能安定下来——他对朋友们的猜忌愈来愈深了。"大家再也不会来看我了，因为怕我的麻风病会传染给他们。也许他们会找个借口，说怕打扰了我的静养吧。这些口是心非的伪君子们，只在这种场合，才能检验他们是否具有仁爱精神。"

一连串挖苦讽刺的念头，不断地跳进冉伯牛脑际。最后，他竟然猜疑起老师来。老师恐怕也和大家相差不多吧，他想。

说起来，孔子已经一个月没有来过了。在上次孔子探视之后，冉伯牛的病已经更加严重。难道老师也不敢再来见我，避之不及了？"岁寒，然后知松柏之后凋也。"老师平日也常常板着脸孔，宣讲高贵的品格犹如挺拔的松柏。那么，老师是否能够言行如一？冉伯牛觉得自己由于染病，似乎获得了考验老师的资格，这使他暗自庆幸。

痛苦和快慰两种互相掺杂的情绪，扭曲了他那眉毛和睫毛都脱落净尽的丑陋的脸，他不禁放声狂笑起来。可是，笑声未止，一种极端的憎恶感又袭入胸口。他觉得，为了揭露孔子的伪善和假仁假义，老天才让他染上这种恶疾。他越加感到他是上天安排的一个牺牲者，是来考验大家的。

"追随老师至今不知吃了多少苦头，而且临了还要患上这种恶疾，难道只有这样，我才能观察到他的真面目吗？老师这个人，真值得让人如此付出吗？"

一时间他的想法越来越荒唐，好像快要变成狂人了。

"老师又来看您了。"这时候，忽然有个家仆来到门口报告他。

伯牛吓了一跳。好像刚从噩梦里惊醒似的，他呆呆地瞪视着天花板，随后又慌慌张张地从病床上爬起来，想出去迎接孔子。可是转瞬间，他又躺了下来，将棉被拉过头顶，蒙盖了自己的脸，身体在棉被底下微微抖动着。

"请他到这儿来吗？"仆人靠近病床向主人请示。

可是伯牛并没有回答。

仆人挠了挠头，想了一会儿，然后走出病房，把门轻轻地关上了。

过了五六分钟，伯牛还在被子底下发抖，忽然从窗外传来孔子的声音："伯牛，我不勉强要看你病苦的脸。我想至少你也可以让我听听你的声音吧，我可是特地来看你的啊。"

"……"

"最近身体怎么样？还是不舒服吗？不过，把你的心放宽，安静地过日子吧。心灵不能保持平和，是君子的耻辱哩。"

"老师，您，您……原谅我。"伯牛在棉被里呜咽着说道。

"不，别客气，你躺着好了，我知道你的心事。不喜欢别人为你难过，你有这种想法，可以说是很对的。不过……"

孔子稍停了一会儿又说：

"如果你是因为对自己的病感到难为情，而把脸藏了起来不和大家见面，那就不对了。你的病是上天的意旨，你应该放下世俗心，默默顺从天命才是。并且，只有这样才能踏上真正的大道，才能具有智仁勇的美德，达到无惑、无忧、无惧的境界。这便是我平常所说的知者不惑，仁者不忧，勇者不惧。"

伯牛自顾自把棉被蒙着脸，持续不断地呜咽着。站在窗外的孔子，能够清楚地听到他的哭声。

"伯牛，把你的手给我。"

说着，孔子把他的右手从窗外伸进来。他的脸被窗框遮住，从室内一点也看不到。

伯牛那粗糙的手畏怯地从睡衣里面慢慢伸出来，它立刻被孔子的手紧紧握住。

从棉被里面又传出一阵悲伤的呜咽声。

"伯牛，我们将在黄泉相见的。但愿你能够正视疾病，保持心灵的平静。"安慰一番之后，孔子放开了伯牛的手，无声地离开了窗子。回去的路上，他好几次转过头，向跟随在他身后的弟子叹息道："如果没有希望也是天命啊！这样良善的人，偏偏生了这么险恶的病！这样好的人，偏偏生了这么险恶的病！"

> 伯牛有疾，子问之，自牖执其手，曰："亡之，命矣夫！斯人也而有斯疾也！斯人也而有斯疾也！"（《论语·雍也》）

孔子一路思考着他的哲学，并把目光投向高高的天空。

"天命——不错的，一切都应归于天命。无论患有病疾的人，还是健康的人，全都栖息在天命的怀抱里。天意是一贯的，天的意旨并没有你我的差别，只是走着它应走的路罢了。只有深深体会天命的人，才能够切切实实地度过顺从天命的一生哩。"孔子在内心里感慨道。

在孔子离开很久之后，冉伯牛才把脸从棉被底下露出来，用他泪水涟涟的眼久久望着刚才被孔子握过的那只手。

冉伯牛心境如今清静而且明朗，丝毫不再为丑陋且腐烂的身体感到羞耻。他已经超脱了生死的境地，神色安详地躺在病榻上，不再担心死神何时降临。

# 画地以自限

"冉求，你近来怎么啦？看上去没精打采的。"

这也难免孔子要问他。几个月以来，他看起来没有一点精神。从身体方面看，冉求并没有什么病症。然而，他却变得沉默寡言、愁眉不展。

他进孔门的目的，不管表面上的理由如何，老实地说，却是为了求得一个做官的机会。他认为要做个政治家，首先应该学完诗书礼乐，而这方面的权威便是孔子。按他的想法，只要进入孔门，总有一天必能学成，成为有用的人才，并且也比较容易得到做官的机会。抱着这样的念头，冉求默默地用功。

可是在孔门读书不久，冉求便产生了疑问。他觉得，与他最初所料想的不同，孔子的学理似乎有些脱离现实。虽然，孔子时常主张实践比理论还重要，但是孔子所提倡的实践与实际的社会生活脱节过甚。如果老老实实地实践孔子的教理，那么在实际生活中必定难有作为，未免会成为失败者。不具备客观实用性的真理，岂不成了一种空想？冉求自忖："我并非为了求取美丽的幻想才到这里做孔门弟子的。我需要的是一些于现实生活有用的学问。而且，老是接受理想化的学问，犹豫不决地过着消极的生活，做官的机会一定很渺茫。另外，老师对我们的前途好像也并没有给以积极的关心。他总说'不患人之不己知，患其不能也'，认为

119

只要我们才艺俱足，决不怕世人不能欣赏我们。老师虽然这么说，但他的思想未必适合于当前的社会。我并非奢望孔门弟子个个都得到天下诸侯的赏识，都能够封官加爵，只是认为老师应该适当考虑我们的想法，使孔门子弟的声名更加卓著。无论如何，老是保持现在的样子，是让人难以忍受的。像颜渊这一类的人，孜孜不倦地学习老师的一言一行，其恭敬严谨的态度自然值得赞美；不过想来也是他自身体弱多病，使他无法胜任政治家的工作，只好借读书和修养逃避现实，自我陶醉。但是要求我们向颜渊学习，与他共同进步，我却不明白了。颜渊性格内向而且身体孱弱，在个人的德行方面也许会有比较高深的成就。然而就参与政治事务而言，不是也需要子路的蛮勇、子贡的华贵吗？不是所有人都可以千篇一律、依样画葫芦地打造他们。不能做到因材施教，那还讲什么教育，还讲什么仁道呢？"

抱着这样的不满，冉求度过了很多苦闷的日子。好几次，在与孔子谈话的时候，冉求都准备寻找机会提起这个问题。可是每次谈话还没有进入正题，孔子就已经懂得冉求的用意，不知不觉之中，孔子用委婉的教诲约束了他，使冉求不敢启口提出久已郁积在心头的牢骚。每次，他都觉得孔子的教训和责备，好像是把他轻轻地抱了起来，然后用他的手轻轻地、慈祥地往自己头顶上一拍，像是责罚不懂事的小孩，使他只是慌张不安，茫然自失。之后，一种不可名状的寂寞感侵入了他的心里。

随着时日的递增，他更加惊叹于孔子洞察秋毫的能力，孔子似乎能够看见每一个学生的心底。虽然，他在孔子面前尽量掩饰自己，可是无论如何加以掩饰，孔子都对他的心思了如指掌。不独对冉求，孔子也了解任何一个弟子的个性，能够把握每个弟子的所思所想。而且孔子对他们思想的把握，并非散漫而无系统。他的心好像是一部装置精巧的机器，能够随心所欲地测知别人的想法；他像善于演奏的乐师一样，熟悉每一个弟子的心弦。"吾道一以贯之。"孔子常常说这句话。也许这种鬼神莫测的本领，就是孔子所言的"道"吧？可是冉求无法确认它的真面目。或者说是"仁"，或许是"忠恕"？它好像可以有这几种表述方式，可是它的实体，也就是它的实在，却是不容易体察的。这种深奥的"道"，就是孔子观照生活中各种事物的力量。

由于一种潜移默化的作用，冉求渐渐明白，孔子的思想并不是脱离现实的梦想。恰恰相反，孔子的哲学具有完美的客观性，并且是适用于现实社会的活生生的道理。冉求愧疚地意识到，努力探究孔子的哲理，这才是真正的学问。

他渐渐地觉醒起来，他的态度也随之改变了——做官的欲求随着他认知的觉醒而淡薄了。以这种心境仔细观察孔子的弟子，他觉得其中还是颜渊最优秀，在众弟子中出类拔萃。闵子骞、冉伯牛与仲弓也都是很优秀的人才，宰予和子贡好像还有点儿高傲，子夏和子游天资较差，子路则像是一个因鲁莽冲动而错误百出的野心家。至于自己呢？每当他反省自己的时候，总是因为惶惑而叹息。

和子路一样喜欢政治的他，由于不像子路那样刚毅与坦诚，有时难免卖弄小聪明，结果常常陷于犹疑的泥途。弟子之间，虽然大家都认为他是谦逊而忠厚的人，但是，他自知这仅仅是因为他善于掩饰；在内心深处，狐狸似的狡狯心理时时引诱着他的良知，有意无意地使他起了反对孔子思想的念头。

"我是正在探求道理的人。像这样对老师的思想生出怀疑和辩驳之心并没有什么过错。"

他的确怀有这种信念。但不可否认的是，在他心里的某个角落，却有彻底回避孔子的哲理的企图。他想："对于孔子的哲理，我是个完全没有缘分的人啊。"

这种想法最近更加强烈了。屡次,他想到末了,都会生出早一点脱离孔门的念头。但是可怜得很,他始终缺乏做出决断的力量。他在这种犹豫不决的情形下,更养成了虚与委蛇和故弄玄虚的恶习。但是,在他一次一次成功地掩饰了自己,玩弄小伎俩之后,空虚苦闷的感觉却一次比一次强烈。

就这样,由于绵绵无尽的苦恼,冉求的神色显得苍白忧郁。

终于有一天,他因为无法忍受内心的空虚,独自去拜见孔子。本来他做好打算,要把所有的烦恼向孔子倾诉,乞求他的指导,但是,一进入孔子的房子,他那生来具有的古怪性格又控制了他。

"我很敬仰老师的学理,只是我时常为自己没有能力而遗憾。"冉求说过之后,立刻发现他的话根本没有什么深刻的含义。

"我何必单独来见孔子呢?如果只是为了说说这样平凡的事,何必前来打扰?老师一定会取笑我,觉得莫名其妙。"这样想着,他瑟缩地偷视了一眼孔子。

可是,孔子的表情比他料想的严肃,他用充满关怀的目光注视了冉求一会儿。

"感觉到内心苦闷么?"孔子温和地说。

冉求内心里古怪的狐狸一听到孔子慈祥的声音,马上缩起了头。同时,一种不可名状的感动像暖流一样涌入他的胸中。仿佛被拥入母亲的怀抱般,冉求不禁生出尽情受宠的渴望。

"是的,很苦闷。我不知为什么不能回归到心灵坦诚的境地。老是怀着这种不纯正的心理,虽然受了老师的教育,终究也不能受益。"

"我了解你的心情。不过吃过苦头的人比起一点都不感到烦恼的人,倒更容易得救哩。如果你把你的痛苦,看作获得更高一层认识的代价,那么你该为之庆幸才是,又何必沮丧失望呢?"

"可是，老师，我，我没有探究哲理的天资。我的素质本来就很差，我是一个笨瓜，我是一个虚伪的人。并且……"

冉求被某种束缚解放了似的，很兴奋地谩骂自己，诅咒自己。

"别再说了！"猛然间，孔子的声音变得凛然了。

"你要靠痛骂自己来求得安慰吗？你有这样无谓的时间，为什么不用来锻炼自己，磨琢自己？你在辩白自己没有追求真理的热心和能力吗？但是能力的有无，要等到你亲自努力追求之后才能知道。如果在前进的中途受挫，这时始能说是天资不足哩！还没有遭遇失败之前，预先空叫能力不够的人，对上天真是莫大的冒渎啊！还没有尝试就去否认自己的能力，是所有的恶行之中最大的恶行，是最可鄙的，因为，这等于否定了生命本身。但是……"

孔子稍微放低了声音说道："你还不是衷心否定自己的能力。你讲这些话不过是对我强辩，同时也是对你自己强辩。不对的是这点啊，这是你最大的缺点哩。"稍停之后，孔子继续说道，"能力不够的人，可以中途休息，而你现在却是画地自限，不想前进了。"

> 冉求曰："非不说子之道，力不足也。"子曰："力不足者，中道而废。今女画。"（《论语·雍也》）

冉求觉得自己内心的狡猾狐狸在孔子面前完全没有躲藏的余地，这使他十分狼狈。

孔子又静静地说道："仁距离我们远吗？当你想得到仁的时候，仁就已经来到你的近前了。"

接着，孔子又用更深沉的语气说道："我想这是由于你的探求真理的心还不够真挚。有真正求道的热忱，自然会热烈追求。热诚烧净了你的俗念，使你恢复纯洁坦诚。虚心求学才是接近仁道的唯一途径，其实仁道离我们并不远。你不能求得仁道的原因，是你心中怀着不纯正的私念，而这些私念隔离了你和仁道。实事求是地讲，你的求道之心尚未达到纯正的境地。是不是？"

子曰："仁远乎哉？我欲仁，斯仁至矣。"（《论语·述而》）

冉求羞愧地低下了头。

"无论如何，自言力不足而自限其力的人，除了承认自己的耻辱之外，一点也不能使自己获得开释。对了，那些年轻人常常唱着这首歌：

郁李树啊，花盛开，
花枝招展，轻风拂拂花影荡。
花影荡呀。翩翩翻翻。
翩翩翻翻呀，向这儿招着手。
向这儿招着手啊，
怎不使我念念不忘。
只是我俩相隔这样远，
并不是我不过去探芬芳。

像这一首逸诗，对于具有入世信心的人来说，是多么轻浮啊。怎么可以说仁道是遥在天边，相隔得那么远而无法到达？以道之幽远、求道之艰难为借口而畏缩避退的学人，不是等于证明他的求学之心不真挚吗？"说到这里，孔子欢畅地笑了起来。冉求的面容像沐浴在阳光中，流露出欣喜的神采。

好久以来，冉求都没有像今天这样愉快。告别孔子出来，他轻快的脚步充满了新生的气息。

# 犁牛之子

"雍也可使南面。"

孔子近来常常夸奖仲弓，甚至不惜使用这种极美的赞辞。

仲弓为人宽怀大量，不拘小节，在孔门高足之中，是一个德行很高的人。虽然如此，弟子们私下里仍认为，孔子对仲弓的赞辞有些夸大。

孔子的赞辞，使仲弓自己也感到尴尬。记得孔子曾经对他说："有了过失，拿严正的话规诫他，他既没有反驳的理由，能够不顺从吗？但总要在实际上改过，才算可贵！或是换一个方式，拿正道的话委婉地劝诫他，他若是个懂道理的人，能够不乐意接受吗？但，还须细心寻找事情的意义，才算可贵！如果只是表面上顺从，实际上并不改正，我就拿他没办法了！"

子曰："法语之言，能无从乎？改之为贵。巽与之言，能无说乎？绎之为贵。说而不绎，从而不改，吾末如之何也已矣！"（《论语·子罕》）

联系到孔子往日对自己的教诲，仲弓难以定下心来。

"也许孔子那句话，表面上称赞我有人君的风度，其实未必不是在委婉地讽刺我的缺点。拿子桑伯子来说吧，据同学讲他的个性就很像我。可是依我看来，他虽然称得上胸襟宽大，与人交往不拘小节，可是个性未免有些粗疏。也许我也有这种缺点吧。"

每当他想到这些，就不再为那赞许而高兴，反而觉得惶惶不安。

看来这件事，只有从孔子那里才能得到答案。可是，仲弓不敢开门见山地对孔子说："不要再委婉地讽刺我，请您明白地说出我的缺点。"因为孔子如果没有讽刺他的意思，这么向老师说话就太不礼貌了。

有一天，仲弓得到一个与孔子独处的机会，乘机提起子桑伯子，请教孔子对他的意见。仲弓想，如果老师有讽刺我的意思，他就会将话题从子桑伯子转移到我身上。但是孔子的回答非常简单："他是个很好的人，为人很大方。"

孔子的话听上去，一点没有将仲弓也包括在内的意思。仲弓觉得有一点失望。他说："大方也得有个限度啊！"

"嗯，那么你认为应该如何呢？"

"我想平常做事应该谨慎地计划，一到实践的阶段，就应该简约行事。是不是这样做才算是治民的要诀呢？如果平常计划过于简单，实行的时候又草率行事的话，是容易变成放纵的……"

孔子没有再说什么，只点了点头。谈话就这样结束了。仲弓仍旧没有获得答案，只好拜辞了。

> 仲弓问子桑伯子。子曰："可也简。"
> 仲弓曰："居敬而行简，以临其民，不亦可乎？居简而行简，无乃大简乎？"子曰："雍之言然。"（《论语·雍也》）

因为这次交谈，后来孔子又多次对弟子提起仲弓，并且不断地赞美他。孔子连连感叹说："仲弓实在是有人君的风度。"

> 子曰："雍也可使南面。"（《论语·雍也》）

老师的赞美使仲弓非常感动。但是他并不因此而自满，反而加倍反省自己，深恐辜负了孔子的赞许。又有一次，他向孔子请教"仁"的意义，孔子回答说："在外面与人交往，要像接见尊贵宾客一样恭敬；使用民力要像承奉大祭那样郑重。自己心里所不愿的，不要加到别人身上去；总得做到在邦国没有怨恨，在家庭也没有怨恨才是。"

> 仲弓问仁。子曰："出门如见大宾，使民如承大祭，己所不欲，勿施于人。在邦无怨，在家无怨。"
>
> 仲弓曰："雍虽不敏，请事斯语矣。"（《论语·颜渊》）

仲弓认为孔子讲这些话，是在于教育他培养"敬"和"恕"的品德。

"一定遵守老师的教训。"他暗下决心。从此以后，他谨言慎行，不断精进学业。他想："别人越称赞我，我越应该自我约束才对。"

可是，说来很是不幸，仲弓虽然品行优秀，可是他的父亲，却是一个身分低贱而且行为不检的人。很多同学，每次听到孔子称赞仲弓，由于嫉妒心作祟，往往拿仲弓的父亲做文章，故意讥笑他。有一次，一个弟子好像有意让孔子听见似的大声叫着说："仲弓似乎已进入仁者的行列了。但是可惜啊，他没有辩才。"

孔子听见这学生的诽谤，当然晓得他的用意，便厉声向那学生说道："什么？辩才？——口舌有什么用处？"

受到训斥，那个学生有点儿慌张，可是停了一会儿，他忍不住又说："但是，他那样的口才，如果想要说服诸侯，使自己受到重用，我相信一定很困难。真是可惜。"他说"可惜"两个字的时候，特别加重了语气。这种语气，在有修养的人听来，必会为仲弓愤愤不平的，但是，这些对仲弓满怀嫉妒之心的学生听了却都幸灾乐祸，等待看孔子如何回答。孔子闭合了双眼，似乎不准备再搭理那个无中生有的学生。可是转瞬间，他又睁开眼睛，用锐利的目光扫视着在场的弟子们，说道："也许有的人能言善辩，讲起道理来口若悬河，但是这种有口才的人，往往言过其实，时间久了，便会遭到众人的厌恶。我不清楚仲弓是否已具备仁德，可是至少我知道，他在言辞方面是谨慎的，不会随随便便说话。也许他缺少口才，但是对诚实的人来说，口才这一类末技小道，是无关紧要的。"

> 或曰："雍也仁而不佞。"子曰："焉用佞？御人以口给，屡憎于人。不知其仁，焉用佞？"（《论语·公冶长》）

这件事就这样过去了，然而大家对仲弓的非议没有就此平息，暗地里的闲话，仍然不绝于耳。因为找不到仲弓的缺点，他们便拿他的出身和他父亲的不检点当笑柄。实际上，孔子之所以特别赞赏仲弓，表面上看是因为仲弓的品学高贵，其实更大的目的是让弟子们舍弃成见，认识到仲弓自身的真正价值。可是孔子没有料到，因为嫉妒心的作怪，孔子越称赞仲弓，学生们就越想找到仲弓的瑕疵，以致不断用冷嘲热讽攻击他出身低下。

这种情况真是令孔子失望。现在孔子清楚地看到，因为自己对仲弓的称赞，那些小人心底燃起嫉妒的烈焰。他想："小人所以骄傲、怨恨和嫉妒，是因为他们认为只有自己才是最好的，才有资格受到宠爱。万恶的渊源，毕竟是由于太盲爱自己。除非使他们清楚地认识到这种劣根性——妒忌的根源，否则他们将永远无法得到解脱。"

当然，除了围绕仲弓发生的这些事，孔子平常就很注意纠正弟子身上的这种缺点。在讲学的时候，孔子很少谈到"利"的问题，偶然提到"利"的话，他就会同时谈到"仁"，将"仁"和"利"相提并论。并且他时时教诲学生，不可固执和自私。他说："固执自己的成见，勉强行事，或是强迫他人做事，这些都不是君子的作风。能够规范君子行为的，只是正义罢了。"孔子本人也时刻注意不私自臆测，尽量避免跟他人陷于对立的状态。

孔子的这番苦心，对于那些思想认识还很幼稚的学生仍是未见任何效果；他们对于天命或者仁道，还是没有丝毫的心得。他们只以贬低别人为能事，以为诽谤了仲弓一句，就获得了一次胜利。对于改造这种学生的品性，连孔子也常常感到力有不逮。虽然如此，孔子却不会放弃任何一个学生。经过熟思之后，孔子终于想出一种办法，那就是带着五六名喜欢诽谤仲弓的学生，举行一次郊游。

有机会陪同老师一起远足，那几个学生感到非常荣幸。于是，在一个天气晴朗的日子，师徒一行，欣欣然地来到了郊外。

田野里，到处可以看到牛在耕田。

多数的耕牛，皮毛的颜色斑杂；头上两只牛角，不是长得歪歪曲曲，就是角的长短不均衡。孔子注意地观察着这些牛，不久，他发现了一只纯赤色的小牛。这只牛还很年幼，身上的皮毛像锦缎一般光滑，在阳光照射下闪闪发光；头上的牛角，虽然还不十分长大，可是生得漂亮而匀称，弯成近乎完美的半圆形，姿态很是好看。

孔子在这头牛身旁停下脚步，他向学生说道："好漂亮的小牛！"

学生们对牛哪有什么兴趣。可是看到孔子赞赏这头小牛，便也走过去仔细观看它。

"这么漂亮的牛可以供做大祭的牺牲。"

弟子们一时以为，孔子今天带他们出来，是为了寻找用于祭礼的牺牲。于是，他们都连声地称赞："是啊，很漂亮的牛！"

"这样美丽的小牛还要耕地，不是很可惜吗？"

"这一带，很难找到这样好的牛。"

"老师要买的话，咱们去交涉怎样？"

但是孔子仿佛没听见似的，转身离开了小牛。他一边走，一边喃喃自语道："的确是非常珍贵的小牛哩！但是如果它的血统不好，那还有什么用处呢？"

弟子们面面相觑，老师的话使他们迷惑不解——通常以牛为祭礼的牺牲，只要皮毛是赤色的，角是匀称美丽的就可以；他们从来没有听说过，祭牛的血统还会有什么影响。

"血统如何有什么关系呢？"有一个弟子深感奇怪地问。

"如果它是皮毛和颜色很好的犁牛（斑牛）之子，天地山川的诸神明会喜欢它吗？"

"我想，不会有什么问题的。只要那头牛本身具有美好的外表。"

"真的吗？如果大家都这样想，我也就无需担心了。"

孔子的话使弟子们颇感意外，他们再次面面相觑。他们根本料想不到孔子的话中之意。

孔子说罢继续往前走，走出一段距离之后，忽然若有所思地说：

"对了，你们觉得仲弓怎样？那人不也是犁牛之子么？我常常听到人家说，天地神明对他也不中意哩。"犹如突然挨了一记耳光，弟子们一下子愣住了。直到此时，他们方才领悟到孔子话里的弦外之音。他们惭愧得无地自容，低头望着各自的脚尖。孔子接下来说："然而，像大家这样，根本不过问人家的血统与家系，如果仲弓知道了，一定很高兴哩。我也很快慰啊！……所谓君子成人之美，不成人之恶。小人反是。君子向来自重，不以攻击别人的缺点为乐事。但是如今的社会，到处都有背道而驰的小人啊。"

弟子们和孔子一道走着，愈来愈觉得苦闷。他们恨不得找个地方藏起来。回去的路上，孔子又指着那只赤色的小牛说："多么珍贵的赤牛！这样美丽，诸神一定很喜欢呢。"

> 子谓仲弓，曰："犁牛之子骍且角，虽欲勿用，山川其舍诸？"
> （《论语·雍也》）

经过孔子的这一番教诲，那些弟子是否真正反省了自己，这只有老天爷才能知道。不过，在这件事过去之后，仲弓的出身以及他的父亲的品行，的确不再成为他们的话题了。而对仲弓来说，他从来没有介意过同学们的非议，他只晓得专心培养德行，勤奋求学悟道，以报答孔子对自己的教诲。

# 一以贯之

"眼见老师日渐衰老，真让人难过。"

"不是将近七十？"

"今年七十岁啦！"

"师母去世，是前年？"

"嗯。"

"哦！七十了。这两年来，夫子衰弱多了。"

"人到七十，总难免衰老。不过，他的心却越来越澄澈。"

"对啊，近来，每次和夫子在一起，都仿佛置身于水晶的宫殿里面，不知不觉之中，好像我的身体也变得像水晶一般透明了。"

"你能自我感觉像一块水晶，真是令人佩服之至。但是我怕在别人看来，你会显得像一块肮脏的小石头呢。"

"别开玩笑好不好？"

"我最近每到老师面前，都不禁肃然起敬哩。"

"那是一种什么样的感受？"

"那种感受很难表达，总之是一种发自心底的无可言喻的喜悦。"

几个年轻而活泼的弟子正围聚在一处聊天。其中子游年纪最大，今年二十五岁；子舆、子柳两人都是二十四岁；更年轻的有子张、子贱、子喜与子循。在这群年轻人中间，子舆是很受大家尊重的一位，也是深得孔子喜爱的年轻弟子之一。子舆名曾参，外表看上去显得有些鲁钝，但实际上却内藏机智，是个善于反省的青年。要说也只有比他大三岁的有若和大他两岁的子夏，在机智方面或许可以与他相当。如果他们俩今天也在这里，谈话必定更加有趣。但今天这两人都不在。

在这些年轻的弟子看来，老师的智慧是深不可测的，他们能够领悟的仅仅是其中极微小的一部分。所以，对于那些不能领悟的，他们不得不常常借助于猜测和想象，而夫子本人也是他们说不完的话题。

"唔，不过老师近来沉默寡言，很少指导我们，大家说呢？"

"不见得，时常被老师责备的人也有啊，比如我就是其中之一。"

"你，当然要算做例外了。"

"胡说，就是你，不也时常被挖苦？"

"喂，喂，算了吧。别吵架好不好？不过，他说得也对，近来老师变得寡言了。"

"嗯？我不认为这样。"

"不，的确比从前沉默多了。"

"老师向来就沉默寡言，并不是最近忽然变成这样的啊。"

"对了，前日有个很有趣的事。"

"有趣的事？关于老师？"

"嗯，有些同学也像你们一样，大概是对老师的沉默误会了，五六个人一起去老师那里抗议。"

"妙极了，怎么讲？"

"他们说，老师对有些人指导得很认真，对他们却一点也不理。"

"说得太没有礼貌了。"

"哪里没有礼貌，我们不是都有同感吗？"

"不一定大家都有同感。"

"好了，好了，让我们先听他讲完。那么老师怎么说呢？"

"那就用不着说。"

"喂，不要装聪明好不好，难道你能料到老师的回答？"

"不，我没有料想到。如果早就知道，绝对不会跟他们一同去抗议啊。"

"噢？原来你也去过！你为什么说用不着讲？"

"老实说，大家听完老师的话，只是一愣。"

"到底怎样？老师答些什么？"

"只要彻底了解老师平时的为人，是不难揣摩的。"

"喂、喂——快说吧，别卖关子了。"

"别着急，我告诉你们好了。不过，难道曾参也不能揣摩得出来吗？"大家都转头望着曾参，可是曾参只是微笑着，用目光扫视了一下周围的同学，一声不吭地低下头。

"既然曾参也揣摩不出来，那我就可以放心地说了。老师的回答是这样的：'难道你们以为我还有什么知识不肯传授你们吗？我所追求的大道是没有任何秘密的，我不过在每时每刻都践行大道。你们希望接受我的教育，就应该从我日常的言行中学习，要知道只在嘴巴上面讲的不能算是道。虽然我不在口头上教正你们，但是我并没有隐瞒什么。'——你们认为如何？是否感到无话可说？"

大家一味默默地想着，只有曾参仍然面带微笑。

"后来大家怎样？"等了一会儿，一个学生问道。

"我们都非常尴尬。大家只是沉默着，一句话也不敢说。"

"老师再没有说些什么吗？"

"嗯，有啊。他的声调非常沉痛。原话我已经记不太清了，可是他表达的意思是这样的：言语本身是无力的，对于不肯主动探究真理的人，即使说尽千言万语，也不能使他获得教诲。所以，不是在大家对于真理有强烈的探究心，即使求索也不能领悟而更加发愤努力时，我不会启发大家的。你们在还没有理解事物的道理以前，便想用高深的术语来表达它。可是，除非你们真正心有所悟，口欲言而不能，否则我是不会用言语来阐发的。当然，刚开始我会给出问题的一隅让你们去研究，你们应该举一而反三，靠自己的心去研究它。不到心求通而未得，不到口欲言而未能，我就不会用言辞去教导你们；举一隅，不以三隅反，我再不会更进一步教导你们——就是，老师的话大概就是这样。"

> 子曰："不愤不启，不悱不发。举一隅不以三隅反，则不复也。"（《论语·述而》）

"噢，这才了解老师的意思啦。"

"这样说来，平常被老师指责的人和不被老师提到的人，该是颇有悟性了。"

"不过还要看被指责的性质。"

"那当然啦。那么抗议团就这样回去了？"

"不是只好这样吗？"

"太没面子了。如果我和你们一起，至少还要说几句。"

"快说出来让我们听听。"

大家都好奇地等着那位同学发表高见，连曾参也睁大了眼睛。

"我们知道，老师的教育精神是注重实际，对于某一些人，老师常给予谆谆教诲，而对于另外一些人却不加过问。这些我们也大致猜得出他的理由。可是，老师对弟子们提的同一个问题，他的解答往往因人而异，这我们就不能理解了！"

"那有什么奇怪，提问的学生本身资质有高低之别嘛。"

大家的情绪不像刚才那样紧张了，他们的谈话轻松了许多。

"根据资质的高低，回以详简不同的解答，这一点我自然懂得。不过，老师的解答有时互相矛盾哩。"

"譬如，什么事？"

"有人曾问老师：'领悟了道理之后，是否马上就去实行它？'老师回答说：'不可以，应该和父母兄弟商量之后才可以去做。'但是在别的场合，另一个人问同样的问题时，他却肯定地说：'当然，你应该立刻去实行。'"

"是谁？谁问这事？"

"我也不大清楚，听说是前辈子路和冉有。公西华听到后，曾经对我说，他要就这件事质询老师。如果有机会，我也想问老师。"

"我想，这也是老师因为子路和冉有的性格不同，而给予不同的教诲。"

> 子路问："闻斯行诸？"子曰："有父兄在，如之何其闻斯行之？"
>
> 冉有问："闻斯行诸？"子曰："闻斯行之。"
>
> 公西华曰："由也问闻斯行诸，子曰，'有父兄在'；求也问闻斯行诸，子曰，'闻斯行之'。赤也惑，敢问。"子曰："求也退，故进之；由也兼人，故退之。"（《论语·先进》）

"或许是吧。可是，按照个性教育学生也该有个限度。老师对学生的教育如果变动不定，没有一个根本的准则，那就会使我们不知道何去何从。本来，我们跟随老师求学的目的，在于探求恒定不移的道理。如果这个道理会因为父母兄弟的意见而变动，那能算是永久的道理吗？我们来学习不是为了求取不可靠的东西，我们需要的是超越任何时间、空间与人为因素，适用于任何人的普遍的真理。"

"赞成！赞成！"几个学生异口同声地叫了起来。

其中有一个学生，首先观察了一下众人的神色，然后说道："这样看来，我们所学到的，不过是零碎的末道小技。"

"末道小技，这样说未免过分。"

"不过，我们所学到的道德知识，不是非常多吗？"

"勉强可以，不过，都是零零碎碎的。"

"无论是零碎的或是没有系统的，老师的教学确实因人而异。"

"曾参，为什么一句话也不说，你意见如何？"

曾参一直听着，虽然不吭声，可是对同学过分浅薄的态度，他却暗自感到痛心。当同学询问他时，他很想说明自己的观点。但是考虑到自己虽然可以应对他们的牢骚，但是不敢保证能使他们口服心服，在这种情况下，擅加评论反而有违老师的训诫。并且，他也很想知道，善于击中问题要害的老师，在这种情况下，会如何去教诲他们。这样想着，他委婉地答道："老师快要来了。这么重要的问题，让我们直接请教老师怎样？"

"当然也要问老师。不过，你有什么意见，我们也希望听听。"

同学的话里，流露出挖苦的味道。可是曾参置之不理，干脆地答道："不，我也没有什么明确的意见。"

大家仍旧围绕着这个问题唠叨不休，不过，始终没有一个人言中问题的核心。他们甚至肆无忌惮地说些冒渎的话，曾参认为这太过分了。他想，如果这种情势有增无减，他将不得不表明自己的见解，以便结束这种可耻的讨论。

非常巧的是，正在这时孔子走过来了。

"好热闹呀！"孔子这样说着，穿过恭恭敬敬起身迎接他的弟子，来到当中的席位坐下。最年长的子游代表大家向孔子鞠躬致礼之后，又把刚才讨论的问题，客客气气地报告给孔子。

孔子的眼神像秋水一般澄澈。他听完子游的话，好像点名似的，拿目光扫视过每个弟子的脸，最后将目光停留在曾参脸上，静静地，可是严厉地说道："曾参，我的道是一以贯之的。"

曾参恭恭敬敬地俯首点头，确信不疑地回答："是的。"

这时候，孔子忽然离开座位，留下那些由于惊奇而面面相觑的学生，迈着平稳的步子走了。

久久地，大家像中了魔似的，无言地呆坐着。曾参在孔子离去后沉思了一会儿，然后向同学们点了点头，站起身来。

看到曾参要走，大家回过神来，赶紧把他拉住了。

"刚才到底是什么意思？"有一个人问道。

"只是说一以贯之，简直让人觉得莫名其妙。"另一人说。

"曾参，我看你回答老师的时候很有自信呢。你真的了解吗？"又有人不服气地说。

大家围住曾参，急切地向他索要答案。

曾参环视了一下左右，静静地答道："夫子之道，忠恕而已矣。"就是说：尽己之心待人谓之忠，推己及人谓之恕。

> 子曰："参乎！吾道一以贯之。"曾子曰："唯。"
> 子出，门人问曰："何谓也？"曾子曰："夫子之道，忠恕而已矣。"（《论语·里仁》）

听了他的话，大家犹如丈二金刚摸不着头脑。曾子申述道："你们刚才一直胡说八道，说老师的教育是末道小技，是零碎杂乱的，或者对个人有偏差等这样冒渎的话。可是诸位如果仔细想想，你们一定会发现，这些都是一贯的圣道的具体表现哩。老师并不向我们灌输抽象的圣道，而是借具体的、现实的事务教育我们，启导我们。因此，表面上看仿佛是片段的、零碎的，或者对个人有偏差，但依我的经验看来，即使片言只语，夫子的教诲无不源于圣道。最近，我越来越发觉这一事实，日日为之惊叹。我越加以思索分析，越清楚地看到，老师一切的言行都密切地秉承圣道，始终一贯而不渝，小至日常起居等琐事，大至救国救民的大事，无不贯通如一、丝毫不差。"

大家一言不发地听着，似乎渐渐有所领悟，不由自主地颔首点头。可是曾参仍旧很不放心，继续强调说："但是，老师的言行能够始终一贯，并非他的聪明使然。单凭思维缜密，绝不能保证他的言行丝毫不渝。在老师看来，道理并不是理论，而是生命历经艰苦磨琢所得到的一种结晶，没有它，夫子便不能感到生存的意义，也不能体会到生活的乐趣。因此，圣道的一贯，无须任何理论说明，它是孕育于自然的浑然贯通。"

说到这里，曾参不觉吃了一惊：他发现，不知不觉地，自己正在用讲道的口气教训着他的同学呢。立刻，他的脸上涌起一阵羞红，快步走开了。

大家茫然地望着他的背影。他们像是了解，又像是不了解似的，呆呆地僵立了一会儿，然后纷纷地四散了。

# 觚不觚

"老师，买到了。"年轻的学生一边说着，一边走到孔子面前，将手中的盒子放到地上，打开来，取出十几个觚。

孔子一个一个地拿起来，仔细地检视酒觚，好久不说一句话，好像陷入了沉思。

这位弟子等了半天，不见孔子发话，便准备作揖退出。这时，孔子说道："这，是觚？"

弟子惊奇地望着孔子，一时有些莫名其妙。他想，孔子绝不会不认识觚的。

"酒觚，一定有棱角。本来，'觚'字，是'棱'的意思。"

听了这话，弟子觉得很好笑：现在还拘泥于名称，到底有什么意图？像那种旧式的有棱角的觚，现在找遍所有铺子也不会买到。于是，他微笑着答道："目前，铺子里出售的酒觚，就是这一种。"

然而，孔子似乎对这个回答并不满意，更加严肃地说："嗯，现在，酒觚的形状就是这样？不，这种不是觚，不是觚！"

弟子越发感到莫名其妙了。他很认真地说："可是，现在每一个家庭，都使用这种形状的酒觚。有棱角的酒觚，在市面上已经买不到了。"

"嗯，买不到吗？"孔子摇头叹息着，"但是，这不是觚，这不是觚哩。"然后闭目沉思起来。

学生迷茫了，犹豫片刻之后，他很不自在地开始收拾摆在孔子面前的酒觚。这时，孔子忽然慈祥地说："好，坐下。酒觚摆在这里就可以。"

弟子坐下之后，孔子喃喃地说："无论何物，不能丧失其特质。如果名与实不相符，名存实亡，就不能正名。任何事物，丧失了它的特质，足以构成惑乱正道和真理的原因。"

学生这才领悟到刚才老师所以沉默的原因。他不觉端坐起来。

"就人类而言，人也有人的特质。保持名与实相符，这才是人类最高的美德。尤其是至善至美的中庸态度，如果忘却了它，虽有'人'的虚名，却不能称为有'人'之实。"说到这里，孔子再一次仔细观看排在面前的酒觚，然后感慨地说，"自从圣道衰微，人们已经不注重这些了，很少有人懂得这道理了！"

学生恭敬地聆听教诲，不时点一点头。

"嗳！不知不觉，又发牢骚——好吧，你也辛苦了，回去休息吧。"

孔子说罢，走到窗边去了。弟子也随之起身，可是他不知该如何处理这些酒觚。踌躇了一会儿，他忐忑地问道："那，再将酒觚退还给铺子吗？"孔子突然笑出声来，从窗子前转过身来，用温和的目光看着他的学生，说道："不，不。酒觚是酒器。只要能盛酒，无论有没有棱角，都一样使用呀。你把它们装回盒子，收到一边吧。"

> 子曰："觚不觚，觚哉！觚哉！"（《论语·雍也》）

从进屋到现在，年轻的学生似乎第一次领会了老师的意思，他小心地收拾起酒觚，然后恭恭敬敬地退出房子。

# 言 志

　　一天傍晚，在结束了当天的功课、弟子们相继散去之后，孔子与颜渊、子路依旧留在教室随兴交谈。

　　在众多的门徒之中，孔子最喜爱颜渊。因为颜渊常常能够从孔子的片言只语之中，悟出深奥的意义，并且躬身力行，不知疲倦。颜渊称得上是闻一知十，具有明敏的悟性。不过，孔子最喜欢的，还是他那一颗虔敬的心。孔子常想："颜渊的心，如同人生之珍宝！"

　　子路也是孔子心爱的学生。在孔门弟子中，子路最年长，年龄只小孔子九岁，可是，他的心却充满天真的情趣，显得比任何弟子都要年轻。他那天真活泼的精神时常使孔子感到愉悦。颜渊和子路二人，虽然都得到孔子的喜爱，但却是有差别的。在孔子看来，颜渊能够体会到的真理之爱，子路未必明了。

　　由于自负心的作祟，子路在观察事物时常有见解轻薄之嫌，这正是孔子深为忧虑的。虽然，论实践的勇气，子路绝对不输于任何弟子，但是因为理解发生偏误，实践的时候常常与正道南辕北辙。在这种情况下，热情的实践不但对他没有助益，反而导致他的过失更加严重了。对于子路表现出来的决心和毅力，孔子不得不微笑着加以称许，但是每一次，这微笑都维持不了多久，很快就化作沉默。在孔子深刻的内心里，一直怀着对子路的担忧。

尤其今天，在薄暮时分的阴暗教室里，和颜渊、子路两人对坐，促膝而谈，孔子的忧虑分外加重了。从外表上看，与体弱多病的颜渊相比，子路显得格外雄壮魁伟。但在孔子的眼里，子路却显得肤浅空泛。

于是，孔子想趁此机会，再次对子路加以引导，希冀他有所反省。这样合适的机会并不很多，因为子路自负心强，如果平时在许多年轻的同学面前开门见山地对子路提出批评，子路一定难以忍受。甚至对于委婉的教诲，子路也会故意装聋作哑，敷衍应答。子路自负的个性，就是这样刚烈。孔子知道，唯独在颜渊面前，子路的自负才会稍有收敛。颜渊待人谦虚而诚恳，对年长的子路尤其敬重有加。对于子路的意见，颜渊总能做出深刻周详的理解，甚至超越其原意，并表示由衷的钦慕与赞仰。在这种时候，连自负的子路也会觉得有些不好意思了。得到颜渊的赞赏使子路非常高兴，因为这层关系，子路与颜渊平时相当亲密。所以在颜渊面前，子路受到孔子的训诫，他也许不会感觉太难受。

正是因为对子路的心理洞察无遗，孔子才不能不感到悲哀。虽然只有颜渊一人在旁边，孔子也没有直接教训子路，他只向两人说道："嗯，今天，你们各人讲讲自己的理想，如何？"

一听到这话，子路的眼睛立刻炯炯放光，将身子向前挺起，迫不及待地就要准备发言。孔子当然一眼就识破了他的念头，故意避开子路，将视线移向颜渊。

颜渊此刻正在瞑目静思，好像正在自己的心底深处探求些什么。

子路不能理解孔子为什么不让他说，他实在有些等不及了，终于喊了一声："老师！"

孔子只好转向子路。

"我愿意把我的车、马、衣、裘和朋友们一起使用，即使友人用坏了，我也不会感到遗憾。"

在孔子看来，子路嘴上夸言超脱物质欲望，而事实上，其理想的前提只不过是追求立身扬名，心理上已经把朋友当作比自己低贱的人，这使孔子非常不满意。孔子再次转向颜渊，好像在等候颜渊的回答。颜渊闭目静思一会儿之后，像平常一样，恭恭敬敬地说："我愿意己有善，心不自夸；对别人有功，不要求回报。"

听完颜渊的话，孔子轻轻点了点头，然后，将目光转向子路，观察他的反应。

子路觉得颜渊的话很有见地。一旦拿自己的话与之相比，自己的理想立刻显出浅薄和幼稚。慢慢地，他有些惭愧和不安了。但是，他内在可怜的自负心同时也抬起头来。因为担心受到嘲笑，他不禁偷偷看了颜渊一眼。然而颜渊一如往常，端坐在那里，丝毫没有嘲笑他的意思。

但是，子路更担心的是孔子的批评。他畏惧地等着听孔子的批评，然而孔子只是拿眼睛看着子路，半天也不说一句话。

对于子路而言，这种气氛是多么沉闷啊。他如坐针毡，低垂着眼睛，只敢看孔子的膝盖。可是，他分明感到，孔子的眼睛仍旧注视着自己的额顶。而且，连颜渊也沉默无语，端然坐在那里。这加倍刺激了子路的神经，他对颜渊从来没有像现在这样感到讨厌。终于，他控制不了自己的感情，涨红了脸，诘问孔子似的说：

"老师，请您也把理想说给我们听听。"

看到子路面对颜渊也舍弃不了他浅薄的自负心，孔子黯然了。他用怜悯的目光深深看了子路一眼，答道："我吗？我希望，年老的人都能得到奉养，安乐地过日子；朋友之间，都能够以诚相处；年少的人，都能得到适当的关怀教养，并感怀恩德。让天下的人都能够各得其所，这就是我的愿望。"

颜渊、季路侍。子曰:"盍各言尔志?"

子路曰:"愿车马衣轻裘与朋友共敝之而无憾。"

颜渊曰:"愿无伐善,无施劳。"

子路曰:"愿闻子之志。"

子曰:"老者安之,朋友信之,少者怀之。"(《论语·公冶长》)

孔子的话让子路深感意外,在他看来,孔子的表述简单而平凡,与自己所说的志愿相比,并不见得有何高明。因此,愣了一会儿之后,他又恢复了自信,刚才的慌张和畏惧转瞬间烟消云散了。

相反,向来冷静的颜渊却渐渐地显出不安,面颊上透出羞惭的红潮。已经好几次了,每回他自认能够在思想上追上孔子的时候,转瞬间却扑了个空,孔子的境界始终让他难以捉摸。此时,他再次尝到这种苦头。他发觉,自己依然受到自我意识之拘束,未能到达无我的境地。老师为老人、友人、幼者而担忧,施爱于天下,这才是无我的意境。自己虽然不事夸耀,念头里仍然有"我"在其中;是以自我为中心,勉强推想出来的理想。只要到达"无我"之意境,哪里会有"伐善""施劳"。颜渊想到这里,不禁低垂了头。

　　孔子知道，他的话使颜渊格外受到感动。可是，自己一心一意想要启导的子路却仍然沉迷于浅薄的自我，丝毫不能领会他的教诲，这使孔子的心更加沉郁了。那天夜晚，孔子一直到上床睡觉时，仍然在思考如何开导子路，久久不能释怀。

# 行藏之辩

一天，大家的话题偶然扯到宦途上面，一时间讨论得很是热闹。在座的除了颜渊、子路、子贡与闵子骞等弟子之外，还有最近刚从蔡国来的漆雕开。

孔子默默地倾听着弟子们的议论，过了一会儿，他忽然想起了什么似的向漆雕开说道："对了，上次说的那一件事怎样了？你仔细考虑过没有？"

"有的，我想了很久。可是——"

漆雕开的脸微微涨红了，他羞怯地望了望在座的众人，说道："我还没有做官的自信。在自己还不具备能力以前，就要治理他人，我感到有点儿害怕。我实在不敢违背老师，可是，这一次还是请老师另选高明，推举别人做官好么？"

孔子听了很是高兴，他满意地点了点头。

> 子使漆雕开仕。对曰："吾斯之未能信。"子说。（《论语·公冶长》）

这时子路像怜悯漆雕开似的，插嘴说："老是这样客气的话，将会永远失掉表现自己能力的机会啊！凡事还是尝试之后再说，只要努力奋斗，自然会产生信心的。"

"不见得都是这样吧，"这时，子贡开口说道，"这种事情还是要有一定把握的，否则，说不定一开头就要失败。刚开始做官就失去老百姓的信任，是比什么都要危险啊。"

子贡认为子路的话中有刺，于是脸上肌肉一紧，偏过头说："我是对一般的人，就一般的情形而说的，我的本意并非是贬低漆雕开的为人啊！"接着，子贡又对着孔子说道："不管说的是不是一般情况，在这个时候最好还是说些鼓励的话，而不是夸大困难，使人家起了畏惧的心理。老师！您以为如何？我如果具有漆雕开一般的能力，我相信能够把这个任务干得很好。"

"那当然不会有问题，不过，我要说的意思并不在于这一点。"子路接过话来又替自己申辩了一句。

于是，孔子把子路和子贡各瞧了一眼，说道：

"漆雕开具有谨慎和谦让的美德以及高远的志向。我本想借这个机会，使他光大自己的优点。只要达到高尚的境界，做不做官并不重要。目前社会上的人都太急着想做官，其实很年轻就得到官职，并不见得有什么了不起。"

漆雕开被这些话深深打动，眼睛里闪动着兴奋的光彩。可是当他与孔子的视线相触时，他马上又把目光垂下，低头俯视着自己的膝盖。

"还有——"

这时孔子把目光转向闵子骞问道："闵子骞，季氏最近不是向你说了些什么吗？"

"是的，前几天突然派来使者，问我是否愿意当费邑长官。"

"嗯，那么你怎么说？"

"我赶紧推辞了。因为，季氏近来专横无比，好像要把整个鲁国据为己有，并且，费邑原是季氏的食邑……"

"对啊！最近，季氏的横行霸道，简直不能以言语形容。他身为公侯的家臣，竟敢公然在自己的庭院里，举行只有天子才可以用的八佾之舞。如果这也可以容忍的话，那么天下再没有不能容忍的事了。怪不得你要坚决推辞呢。可是，拒绝他一定不容易，到底你是怎样回答的呢？"

"我并没有细说我的理由。后来，使者不肯甘休，硬要我接受。被逼无奈之下我说：'我可以坦白告诉你，如果下一次你再为这件事来烦我，我将逃到蔡国，在汶水旁边过隐居的生活。'"

> 季氏使闵子骞为费宰。闵子骞曰："善为我辞焉！如有复我者，则吾必在汶上矣。"（《论语·雍也》）

平时沉默寡言、以温厚笃实而闻名的闵子骞，说这些话时显得既直截又坚定。甚至连孔子也因为意外而吃了一惊，而最为高兴的人莫过于子路了。

"痛快极了——可是，我万万料想不到闵子骞敢这样说话。"

这时孔子好像责备他似的说："那些话，也许只有闵子骞才有资格说。"

子路觉得莫名其妙。孔子接着说："君子的刚强，不在于他的腕力与雄辩。遭遇到苦难的时候，还能够毫不动摇地固守正义，这才是君子的刚强。闵子骞就有这样的勇气。我也说过：'君子喻于义，小人喻于利。'如果以利害得失作为衡量事物的标准，就不会明白真正的刚强。这一类的人，决不会说出像闵子骞那样坚决的话。"

> 子曰："君子喻于义，小人喻于利。"（《论语·里仁》）

孔子说完，大家又陷入了短暂的沉默。子路和闵子骞两个人都低头不语，虽然他们两人的感受各不相同。

过了一会儿，子贡突然说道："当然，漆雕开和闵子骞的做法是无可非议的。但是，譬如说这儿有天下唯一的美玉，那么，老师打算永远把它收藏在匣子里，还是等待识货的顾客到来出售给他呢？"

孔子立刻觉察到子贡的意图——他是想通过比喻来打探孔子是否有了做官的意思。于是孔子笑着回答："我要卖了它啊，要卖了它啊。不过，我不会轻易将它卖给普通人，而是要等来真正识货的人。还是暂时等等看，哈哈哈……"

子贡曰："有美玉于斯，韫椟而藏诸？求善贾而沽诸？"子曰："沽之哉！沽之哉！我待贾者也。"（《论语·子罕》）

大家也跟着大笑起来。可是很快，孔子又恢复了严肃的面容，对一直默默无言坐在那里的颜渊说："君子的准则是，被起用的时候，就努力实践道；不被起用的时候，也不放弃道。自信能够做到这一点的，目前只有我和颜渊吧。"

听到老师这样说，颜渊感到非常不安，可是还不等他表示什么，子路就迫不及待地说："老师，如果你统率三军去攻打敌国，你将选择谁与你一同去呢？"

孔子夸来夸去，却不曾对子路有半句赞美，这使他有些愤慨，于是，子路便用这样一个问题提醒老师。他确信孔子会给他一个满意的答复。

然而，孔子毫不理会子路的急切心情，面带微笑漫不经心地说："徒手与老虎搏斗或者不用竹筏即涉越大河，世上虽然有这种不怕死的勇士，但是，我却不和这样的人一起做事。所以，如果我带兵打仗的话，我希望跟随我的人，做事精细而且有智慧，能在周详的计划之下，毫无差错地完成任务。"

> 子谓颜渊曰："用之则行，舍之则藏，惟我与尔有是夫！"
> 子路曰："子行三军，则谁与？"
> 子曰："暴虎冯河，死而无悔者，吾不与也。必也临事而惧，好谋而成者也。"（《论语·述而》）

子路像一脚踏空，摔了个跟头，心中万分沮丧，半晌无话可说。颜渊和闵子骞仍然低着头，望着眼前的地板；子贡只是用敏锐的目光，在孔子和子路之间逡巡；漆雕开则局促不安地紧攥着放在膝盖上的双手。大家都沉默着，一时间屋子里悄无声息。

结果，还是孔子打破了尴尬的局面，他缓缓开口说道："可是，我这一辈子怕是不会有指挥三军的机会了。我还不如索性坐着竹筏浮游于大海。不然，在这个不能实现我的理想的社会里，过着糊涂的日子又有什么意思？"

大家不胜诧异地望着孔子的脸，孔子依然平静地说："等到主张无法施行，想要坐上竹筏在海上漂浮的时候，会跟从我来的就是子路了。"

子路的眼睛散发出喜悦的光彩，他立刻挺起胸膛，等着听孔子接下来说的话。

"子路，你觉得怎么样？我俩飘飘然浮游于大海之上，该是多么快乐啊。有你这样勇敢的人跟随我，我会觉得很安全哩！"

孔子说这话时，眼睛一直正视着子路。子路兴奋难抑，简直快要晕倒了。但是孔子接着说："可是，子路，要实现这个计划，首先必须有安全可靠的竹筏才行，否则，一切都是无用的痴想。虽然你在勇气方面胜过我，但是，你能够制造坚固的竹筏吗？"

> 子曰："道不行，乘桴浮于海。从我者，其由与？"子路闻之喜。子曰："由也好勇过我，无所取材。"（《论语·公冶长》）

子路这才体会到孔子话里的训诫之意，他再次羞惭地垂下了头。

"好了，我们不再谈这些事了。我并非真的准备乘坐竹筏漂游海上——子贡，你也安心吧。可是，如果有好的主人，我一定会捐出一己之身的，这是我的由衷之言。"

听到孔子这番话，子贡不禁满面羞红。颜渊、闵子骞和漆雕开微微一笑，可是那笑容转瞬间也消失了。大家屏气息声，各自沉浸于严肃的默想之中。不久，孔子起身离开了他的座位。

# 第七辑

## 孔子私家像

# 异　闻

　　陈亢是陈国人，为了跟随孔子读书，他远离家乡来到鲁国。可是孔子门下的弟子太多了，像陈亢这种新来的年轻人，要想直接见孔子、受到个别的指导，简直是不可能的。因此，在学习过程中，他通常请教孔子的高徒子贡，并且希望间接地从师兄子贡处学到孔子的言行。

　　子贡善于言辞，常有机智过人的妙语，使陈亢非常钦佩。有一天，陈亢对子贡说："依我看来，您只是出于谦逊，才拜孔子为师的。我总觉得，您本来就比孔子还要贤能。"

　　这些话虽然包含恭维的意思，但也未必不是陈亢的真心话。因为他听孔子这样说过：

　　"我不是生来就懂得一切道理。我不过是爱好先王之道，努力读书孜孜以求而已。"

> 子曰："我非生而知之者，好古，敏以求之者也。"（《论语·述而》）

　　"我担忧的是：自己不能专心修养德行，研究学问不能精益求精，听到训导不能遵从，有了过失不能悔改。"

> 子曰："德之不修，学之不讲，闻义不能徙，不善不能改，是吾忧也。"（《论语·述而》）

"默默悟想道理，追求学问不知厌烦，教导别人不知疲倦，这三件事，我做到了哪一件呢？"

> 子曰："默而识之，学而不厌，诲人不倦，何有于我哉？"（《论语·述而》）

陈亢并不能够经常听到孔子的言论，可是每一次听到的时候不过是这一类平凡的话。这使陈亢觉得，与孔子比起来，子贡说的话更为美妙生动，在辩才方面要胜过孔子。

然而听了陈亢的赞美，子贡不但没有面露喜色，反而大不以为然地说："君子言不可不慎，只要你一开口说话，别人就可以辨别你是贤是愚。夫子之不可及，犹天之不可阶而升也。所谓：'立之斯立，道之斯行，绥之斯来，动之斯和。其生也荣，其死也哀。'孔子教化人民能够使天下归心；安抚人民能够使他们归附，乐享太平。生时，人民讴歌他的韶德，死后，百姓像失去父母一样悲叹！我哪里有这种高贵的德性啊！拿我与孔子来比较，这样的话叫我怎么敢听呢？"

陈亢听了子贡这许多说明，并不能够完全信服。有一次他又问道："孔子每到一个国，一定闻知这一国的政事。究竟是孔子打听来的，还是国君主动告诉他的呢？"

陈亢之所以提出这种质疑，也许是因为他怀疑，孔子有很大的功名心。由于他的野心过大，无法轻易得到满足，使他不能够在任何国家长期替诸侯做事。

子贡答道："因为夫子具有温和、善良、恭敬、俭约、谨慎五种美德，各国诸侯一见到孔子，便会主动地向他请教国家政事，所以孔子是靠这些美德而获得消息的。老师这种获得消息的方法，应该与别人不一样吧？"

> 子禽问于子贡曰："夫子至于是邦也,必闻其政,求之与,抑与之与?"子贡曰:"夫子温、良、恭、俭、让以得之。夫子之求之也,其诸异乎人之求之与?"(《论语·学而》)

陈亢在子贡的熏陶之下,逐渐地了解了孔子的为人。同时,他因很少有机会面聆孔子的教导而觉得更加遗憾了。而且,陈亢这个人,从他不断向子贡询问孔子的才识这一点,可以看出他生来具有多疑的性格,虽然不是很严重,却常常有妄自揣度的倾向。

"大概由于我是新生,或者不是鲁国人的缘故,孔子不很关心我。按理说,对从远地而来的学生,应该更加一层爱顾才对。对了,孔子不是很宠爱颜渊、子路、闵子骞与冉伯牛吗?说来他们个个都是鲁国人。而我最钦佩的子贡,就不如颜渊与子路更受宠,我想可能就因为子贡是卫国人。"

虽然不是那么肯定,然而这种疑虑始终萦绕在他的脑海。沿着这个思路,他又想到了伯鱼。

"伯鱼是孔子的独生子。表面上看来,他与大家一样受教于孔子,孔子对他并无特殊之处。然而,谁能断定,在没有其他人的时候,孔子不会给他特别的优待。难道孔子不想使自己的儿子超过别的学生吗?"

在陈亢看来这是人之常情,所以这种猜想并没有使他不愉快。同时,他认为如果平时多亲近伯鱼,自己便能够从伯鱼那儿获得孔子不肯轻易授人的更有益的道理。

打着这样的算盘,陈亢每次见到伯鱼,就走过去同他聊天。不过因为不喜欢让别的弟子听到,每次和伯鱼搭话,他都尽量选择没有第三人在场的时候。

但是,陈亢这番苦心好像没有什么效果,因为伯鱼天生寡言,即使难得开一次口,也讲不出什么宝贵的道理。尤其陈亢特别期待的孔子对儿子指导的事，一点儿也没有打听出来。

"难道是孔子确实没有什么高深之处？也可能伯鱼不肯透露给我，想来他也不傻……"

这么想着，他的心情更加糟糕了。有一天，他和伯鱼并肩走着，终于开门见山地向伯鱼问道：

"您是老师的儿子，时常在老师身边，我想您一定听过不少别人所不能听到的最有用的道理。您是否可以对我这个刚入学的弟子讲讲？"

"不敢，不敢，其实我并没有什么特别——"伯鱼想了一会儿，又说，"是啊。勉强地说，在我记忆里有过两件事。有一天，他老人家独自站在厅堂里，当我走过院子时，父亲问我：'你读了《诗经》没有？'我说没有。他责备道：'没有读过《诗经》的人，便没资格和人交谈啊！'我读《诗经》，也是从这件事开始的。"

"是吗？"

"又过了几天，他老人家像上一次一样独自站在厅堂，见到我他又问：'你学了礼没有？'我老实交代还没有读，他又教训我说：'不学礼，不能在社会上安身立命啊！'所以我才专心去学礼。"

"是吗?"

"如果说父亲特别教了我什么的话,大概只有这两件事。"

"是吗?"

陈亢的脸,好像很满意,又像是很失望。他不停地应着"是、是"。非常凑巧,他们正说着,看到孔子拄着拐杖向这边走了过来。孔子大概是刚读完书,到院子里散步的。两人走近孔子,停下来恭敬地向孔子敬礼。孔子微笑着说:"你们两人离开众人,单独在这里散步聊天,看来很是要好呢。"

孔子认为他俩很亲密,这使陈亢极为高兴,他心里突然产生了莫名的期待。可是,孔子只是默然望着伯鱼。伯鱼说:"最近我们才特别亲密。他常常教我很多事哩,我非常高兴。"

"嗯,那很好。年轻时代,朋友之间互相勉励是很重要的。今天,我也来参加你们的交谈。"

说着,孔子又向前走,两个人紧跟其后。

"多么幸运的一天。"陈亢兴奋地想。

"那么——"孔子边走边说,"亲密的友谊是很好的事。可是不要使你们的友谊有所偏重。君子与人相交公平无私,四海之内皆兄弟。小人却相反,以好恶与功利来决定友谊,因而交友难免有偏重。单纯有偏重还不算什么,可悲之处在于,好恶和功利之心根本不能使人建立真挚的友谊。真诚的友情,应该自始至终以真理大道为中心。"

陈亢刚才兴奋的心,有如被浇了一桶冷水,变得畏缩了。

"嗯,但是——"孔子回顾两人说,"我并不是说你们之间的交往是小人之交,我不过说些个人的感想而已。"听了这话陈亢才恢复了镇静,不过他的心底却涌上一阵苦涩,好久不能消失。

"对了,对不起得很,中途打断了你们的话题。你们两人在讨论些什么?"孔子的问话使陈亢的心中又涌起了一阵冷意。他忐忑不安地听着伯鱼向孔子交代他俩的谈话,异常紧张地注视着孔子的后背。

孔子听着伯鱼的话,默默走着。听完,孔子很兴奋地说:"是么?我曾这样教过你吗?不错,君子之学,最重要的是诗与礼。诗能够激动人的心弦,振奋人的情绪,培养人对生命和自然的热爱;诗也能够教会我们用最美的语言表现感情,诗包含天地自然的一切知识。至于礼,则表现了人类最和谐的心灵,其根本在于敬让。敬了又敬,让了又让,始能达到内心的平和协调;把这种敬让的心表现于外就是礼。如果有了礼让之心,治理天下就不会是困难的事。如果没有采用礼的制度,不但国家不能治理得好,礼仪也只是徒具空洞的形式,那么连一己的和谐都成了问题。诗和礼绝对不只是语言和形式。你们在学习中不要忘记这一点。"

陈亢和伯鱼听孔子的话听得入神,他们都紧跟着孔子,几乎要踩到孔子的脚跟。孔子讲完之后,他们都默默思考着。

"对了——"孔子忽然停下了脚步,回头看着他们两个说道,"我已经说了不少话,你们只是听,只是想听,并不能求得真正的学问。与其只是到处寻找一些高深的道理,还不如靠自己的体验来获得;思考并不能带来结果,最要紧的是身体力行。竭心尽力,严以自律,除非具有这样的品质,否则我不能给别人任何指导。向来如此,一味只想打听别人的话,除表现了这个人的轻率之外,并不会有什么效果的。就这方面来讲,子路是非常值得称赞的,当他得到一个道理,在还没有实践这个道理之前,他总是不敢再听别的道理,怕因此分了心,使他不能彻底做成一件善事。"

仿佛在大庭广众之下被人剥光了衣服,露出畸形的身体,孔子的一番训诫使陈亢内心的阴暗暴露无遗。他呆呆地望着正在转过脸去的孔子,失魂落魄地站在原地。

"孔子这个人真是厉害啊！"当天回到宿舍后，陈亢不断地喃喃自语，依然心神不安。现在他再也不敢妄自猜测，或者到伯鱼那儿打听什么了。不过，他的工夫也没有白费，今天他起码明白了三件事：第一是诗；第二是礼；第三就是孔子对待弟子并无差别，即使对自己的儿子伯鱼，也是一样的。

> 陈亢问于伯鱼曰："子亦有异闻乎？"
> 对曰："未也。尝独立，鲤趋而过庭。曰：'学诗乎？'对曰：'未也。''不学诗，无以言。'鲤退而学诗。他日，又独立，鲤趋而过庭。曰：'学礼乎？'对曰：'未也。''不学礼，无以立。'鲤退而学礼。闻斯二者。"
> 陈亢退而喜曰："问一得三，闻诗，闻礼，又闻君子之远其子也。"（《论语·季氏》）

过了一天，他把这些事详细地告诉了子贡。最后他说："由于您的指导，我逐渐了解了孔子人格之伟大。"

子贡回答说："那很值得庆幸啊。可是，要真正了解孔子，并不是容易的事。例如关于诗书礼乐这一方面的问题，还可以常常听到夫子的讲解，并且也不太难。但是，老师的学说，其最深奥的本质上的问题，例如'天道'等与人生观和宇宙观有关联的问题，孔子平时很少讲述；即使讲了，也很难懂得其中的奥妙哩。我们应该晓得，夫子的学问的深远，可以说是无限的。"

# 子在川上

夕阳缓缓侵入原野的边缘，寂静的旷野上，一湾静静的流水，映照出金色的天空，载着漫天云霞，渐渐流入远处的暮霭中。

孔子只带着一个小童，孤零零站在一望无边的河水旁。在苍茫暮色中，他的身影显得孤寂而庄严。

七十多年来，不断地苦苦探求真理，如今回想起来，这是一种多么孤寂而漫长的旅程。然而，在风雨飘摇的世间，他始终没有遇到采纳他的政见的明君。五十年间，与他同甘共苦的夫人去世了，他仅有的儿子伯鱼也先他而去，尤其令他伤心的是颜渊的英年早逝。

"噫！天丧予！天丧予！"

他站在颜渊的灵柩前，悲痛欲绝地喊叫着，随后放声恸哭。看到孔子异乎寻常的表现，随从的弟子们都大为惊讶。回去的路上，他们向孔子说："今天老师也放声大哭了。"

孔子抑制着心中的悲恸，回答说："是吗？我哭得那么厉害吗？不过，我不为颜回而哭，还能为谁哭呢？"

失去颜回的悲伤长时间郁积在孔子心头。他虽然不再痛哭流涕，但是在他那寒冷的心里，充满了"永远的孤独"。现在，每到天近黄昏，孔子就会来到河畔，在那里沉思徘徊，将无尽的思绪付与暗淡的夕照和流逝的河水。

今天像往常一样，站在黄昏的河畔，孔子再次陷入绵绵不尽的遐思。

"我的时日也不多了。回顾我的一生，我自信不曾虚度光阴，就是现在，我也没有丝毫放松。我一向不断地加强自身修养，努力探求古圣先贤的大道，并且将体会到的道理，尽我最大的努力推行于天下；我编纂《诗》《书》《春秋》，校正《礼》《乐》，究明《易经》，这些，都将成为传诸后世的文献。但是，现在我可以无忧无虑地离开人世间吗？在颜回死后，能真正以身行道遵奉仁德的人，现在哪里还有呢？有谁还能继承我的遗志？仁道并不是巧言，真理也不是概念，我期待于后世的，并不是高谈阔论，而是笃践力行。不！我还不可以死，我绝对不能死，除非找到一个合适的继承者。"放眼望去，河水滚滚东流，一去不复还；遥远的原野边际，深红的太阳正一点点地往下沉。这情景使他深深感到，生命之终结已渐渐地逼近了他。

"颜回呀！颜回！"

从他石像般寂寞的身体里迸发出一声呼喊，孔子不禁呜咽起来。这一瞬间，那"永远的孤独"好像要把他推入无限的虚无中。

可是，感情的激浪并不能撼动他的信念，七十年的苦修所获得的超人的意志，已经使他的心像湖底一般深沉，能够盛得下任何悲伤的情绪。

"天行健……"《易经》里的话，轻轻地从他口中吟出。

凝视着水流尽头的他，现在又把头缓缓转过来，用目光追溯流水的上游。他想："生命的源泉是无穷无尽的。颜回死了，我不久也要向这个世界告别。不过，上天的意志一天也不会终止，古圣先贤的大道也永远不会消灭。"太阳的余晖湮灭在一片暮霭中，河畔的暮色越来越浓重，然而在孔子的心里，新的朝阳已经照射出闪闪的光辉。仿佛与苍茫的大地告别似的，他面对河流喃喃自语道："唉！水流着，滔滔不绝地流着，这样不分昼夜地流着。上天的意志也像这条河流一样，永远地流淌不息啊！"

子在川上，曰："逝者如斯夫！不舍昼夜。"（《论语·子罕》）

# 泰山其颓

　　孔子和弟子们爬过曲折的山路，终于来到泰山山顶。孔子登上高高的岩石，在明朗的阳光中，默默地眺望远处的风景。他身旁的弟子们，也好像周围的岩石一般，默默无言。

　　天空万里无云，湛蓝的天穹轻轻笼罩在头顶，四面静悄悄的，寂静中仿佛包藏着无可名状的忧郁。大地——孔子的祖国——鲁国的命运，在冥冥之中轮转着。远处地平线上，天地相接，云气在那儿聚散离合，好像大地正用她那温馨的呼吸，消解着地上的烦恼。

　　"登泰山，今天将是最后的一次。"歇了一会儿，孔子回头对他的弟子说。

　　除了教育学生之外，古典文籍的编纂如今是孔子最主要的工作，是他最大的使命。至于政治，他早已明白，诸侯的欲求无穷无尽，永远不会接纳他的思想。孔子深深认识到，自己对天下最大同时也是最后的贡献，便是古典文籍的编纂了。

　　泰山，无论对他个人还是对他的祖国，都是一座神圣的山。最近一段时间，他常常想再次登上泰山。他这并不是想暂时从疲劳的工作中脱身，放松一下紧张的神经，而是由于很久以来，他一直想再次登临泰山。他认为，登上泰山巅峰，便能真正体会到先王之道，有助于完成古典文籍的编纂。今天，他如愿以偿地站在这高山之巅，仿佛身处无限的过去与永恒的未来之间，他的眼、耳与心，变得聪敏而清明。

"虽然是最后的一次，其实是第一次。"孔子自言自语地说着，再一次把目光投向远处。

弟子们面面相觑。虽然在年过七十之后，孔子完全沉浸于书斋里的工作，很少外出，然而过去周游列国的时候，他曾经好几次攀登泰山。因此，弟子们对孔子所说的"第一次"感到迷惑不解。

孔子好像没有注意到弟子们的疑惑，他走动了几步，忽然又感叹说："泰山的胸怀是多么广博啊！今天，可以说是我第一次投进泰山的怀里。"

孔子的话像一阵清风吹散了弟子们心中的疑问，大家再次相互顾视。

"即使离开这个世界，再也没有什么遗憾的事了。只是我的编纂工作还没有完成。"

弟子们瞪大了眼睛，仿佛担心孔子会从山顶升上天空似的。大家更紧地靠拢在孔子身旁。

这时候，孔子把脸转了过来，和蔼可亲地微笑着，那是饱经风霜、历尽磨炼的人的微笑。在孔子的笑容中，无限的喜悦与无限的忧戚，浑然融合在一起。

弟子们的不安情绪倏然消失了。同时，他们变得快嘴快舌。

"老师，您不感到疲倦吗？"

"爬陡峭的山坡时，我们都为老师轻快的步伐惊叹呢。"

"我还以为只有爬山不会输给老师，可是今天我连这点自信也失去了。"

"老师一定能够活到一百岁，这不只是我们的祈望。"

像这一类的话，接二连三从年轻弟子的嘴里涌出。孔子只是微微地点着头。他像是想起什么似的轻轻地闭上了眼，过了一会儿，他睁开眼环视了一下，开口说："好吧，大家都坐下来吧，今天我有几句话要对大家说。"

说着，他就在身边扁扁的石头上坐下来，用手中的拐杖撑着身子。弟子们纷纷在树根、石头和草地上坐下，大家的眼睛闪闪发亮，聚精会神地望着孔子。

孔子用平和的目光望着弟子们，缓缓开口说道："今天，我想向大家讲讲我的生平。说是生平，不如说是我的精神生活的历程。也就是说，在我的心灵和泰山的心灵合而为一以前，我爬过怎样的山路和斜坡，我想说给大家听听。"

说到这里，孔子的脸上掠过了寂寞的影子。因为在弟子中间，他再不能见到他最喜爱的颜回与子路了。颜回死于疾病，子路死于卫国的内战，他的这两个高足已经不在这个世界了。假如他们还活着，今天或许也会在这儿。想到这里，孔子不胜痛惜。

优秀的弟子当中，今天只有子贡一个人在座。他近来颇有进步，可是如果和已经去世的两个弟子，尤其是与颜回比起来，无论如何，总有山顶与山腰之别哩。现在他将要说的话，子贡是否能够真正领会，或者虽然领会然而能否实践它，仍是一个疑问。子贡尚且难说，何况其他的弟子呢？想到这里，孔子更加觉得失望，刚才那股热情似乎消减了大半。

虽然如此，孔子却无意取消他的话题。

"发自赤诚信念的言语，必定能够永存不灭，立言而不朽。就犹如泰山顶上落下的雨水，渗透到地下，总有一天，必定注入大海。"这样想着，他开口说道："吾十有五而志于学，三十而立，四十而不惑，五十而知天命，六十而耳顺，七十而从心所欲，不逾矩。"稍顿之后，孔子继续说，"当我立志求学时已经十五岁了。"

弟子都感到惊讶。因为士大夫阶层的子弟通常十三岁就开始学诗文习礼乐，然而孔子到了十五岁还没有受过任何教育，这一点使大家很感意外。

"当然，十五岁以前我也曾拜师受业，不过真正懂得学问的重要，开始产生求学的念头及热望，还是十五岁才开始的。说起来难为情得很，直到这个年龄我好像还在梦境里，根本没有什么自律，只是模仿所学习到的事物。其实，模仿不是学问。真正的学问发乎人的内心，发乎精益求精的精神。"

听了孔子的叙述，弟子们有的频频点头，有的低头思索，还有的不觉满面羞红。

"好不容易我才学会自律，可是立志求学的我由于贫困的生活所迫，无法专心去求学。但是这也不是坏事，由于贫困的缘故，反而可以学到各种各样的本领。即使现在，我也能胜任管理谷仓、照顾家畜等差事，对于这一套，我有相当的自信哩。"

"老师，说到这事，我想起——"子贡忽然插嘴说，"吴国大宰曾经称赞老师，说您是圣人哩。"

"喔，吴国的大宰?"

"是的。他夸赞您说，上自诗书礼乐等高深的学问，下至老百姓所做的寻常杂务，您无不通晓。因此，大宰非常惊叹地说：'像这种人才能够称得上圣人！孔子真是一位多才多能的人。'他这么说过。"

"嗯，那么当时你怎么回答的?"

"他具有与天意合一的大德。因此，在这个意义上，孔子本来就是一位圣人。我就是这样回答他的。我早就认为圣人与多才多能这件事，根本就不能相提并论。"

"嗯，不过大宰说我多才多艺，这一点说得很准啊。刚才我也说过，年轻的时候，为穷困所迫，我干过各式各样的行当。不过，大宰是不会懂得君子之志的！多才多能并不是君子之道啊！君子之道，还需要具备其他诸多条件。"

孔子说完陷入沉思，不再对圣人这个名词作进一步的解释。子贡从老师的话里，印证了自己对大宰的答话不算错，感到很是高兴。

"听说老师有一次对子张说，因为您不被重用于世，所以在诸艺方面有时间钻研……"一个年轻的弟子说。

"对啊！不做官的结果，不仅仅是生活贫困，也还有很多余暇，不知不觉就学会了各种技能。尽管如此，十五岁以后我并没有因为忘记学问的根本而走入歧途。十六岁那一年，在一个偶然的场合，我因为缺乏礼乐知识而自感惭愧，从此以后直到三十岁为止，我没有一天不研究礼乐。二十二岁的时候，关于礼教的知识，我已经有传授他人的自信，同时对于立身处世之道，也逐渐明确了。从那个时期直到今天，我所主张的仁道一点儿也没有改变。我所讲授的道理绝非我个人的创意，我只是忠实地传述古圣先贤的大道而已。由于古圣先贤的大道完美无瑕，我们只须信奉它，爱好它，把它完完整整地传授给后世就行了。殷朝的贤大夫彭祖就是这样做的。我虽然自知能力不足，但很想向彭祖学习。"

"老师！"这时候一个年轻的弟子叫道，"我们并不以为老师的教化只是传述先圣的大道，那不过是老师的自谦吧？如果仅仅秉持前人的道理，那么社会就不会有进步可言了，所以殷商汤王的盘铭有'苟日新，日日新，又日新'的文字。老师还曾经将这句话的涵义，向我们讲解了好几次呢……"

孔子面带微笑地听着，等弟子讲完，他恢复了严肃的面容，凛然地说道："你完全想错了。我们可以把先王之道比作泰山。如果大家登上山顶，能够使泰山增高一分一毫吗？如果希望对先王之道有新的认识，首先必须完全了解先人的道理。不可以只用脑筋去理解它，应该心身合一，经由实践把它完全体会明白。直到今天，我试图努力做到这一点。努力的结果却是，我更加为先王之道的完美所叹服。我知道你希望社会进步，然而欲求社会的进步，最要紧的，首先应该寻求你个人的进步，这才是达到整个社会进步的捷径。怎么样，你真正懂得先王之道了么？你是否已经具备资格，可以向我求取超过先王之道的道理呢？如果你还没有准备得足够好，你应该像汤王的盘铭所说，每天反省自己，以求日新又日新啊！"

仿佛探询自己的心灵似的，弟子们都把脑袋低垂在胸前。孔子再次微笑着说道："好吧，我接着说。后来我痛感音乐也是不可忽视的教养，于是，三十岁的时候，我开始向乐师襄子学习奏乐。虽然，我从小一直没有间断过演奏音乐，但是由于襄子是当时最优秀的音乐家，所以我希望接受他的指导。"

"襄子的音乐造诣究竟怎样？我听说他的名望很高哩。"有一个弟子问道。

"那的确是很高深的造诣。不过后来一想，觉得只差一口气。"

"只差一口气？"

"总而言之，最后还是在于奏乐者的人格修养。这话不容易说明白，还是让我谈谈从前习乐的情形吧。是这样的：我一拜访他，他立刻教我一首从未听过的曲子，大约练习了十天襄子便说：'好了，今天再换一首曲子。'可是我虽然学会了调子，但节拍掌握得还不完全准确，于是我请求再温习几天。又经过十天时间，他说：'拍子这样就够了，改学下一首曲子好了。'可是我感到还不能彻底了解这首曲子的意境，于是我又练习了十天。襄子听过我的演奏，又催促说：'怎么样？我想你也体会到曲子的意境了。改学下一首曲子如何？'但是我仍旧固执地弹奏这首曲子，直到从中体悟到作曲者的创作思想。后来有一天，襄子听过我的弹奏，非常惊讶地对我说：'你一定领会了作曲者的内心世界，不是吗？'那时候我的情绪平静而镇定，演奏的时候，我的眼前就会出现一个人的形影，他的肤色黝黑，脸形细长，若有所思的眼睛注视着远方，浑身上下笼罩着帝王的庄严。我想，他一定是文王。经襄子证实，果然那就是文王。"

弟子们兴奋得眼睛发亮，他们目不转睛地望着孔子，似乎从老师那里获得了某种关于文王的联想。

"老师，襄子虽然知道这首曲子是文王作的，却始终没有达到看见文王的境地，是不是？"有一个弟子这样问道。

"对了，我刚才所说的只差一口气，就是这个意思。无论如何，襄子只是把音乐当作一种技艺罢了。这样是不能见到文王的影姿，体会文王的意境的。只有真正喜爱先王之道，具有真挚求道的心，才能懂得文王之乐啊！"

"听说襄子曾对老师行弟子之礼，是不是这件事发生之后的事呢？"

孔子忍不住苦笑一下，他好像沉浸于对往事的追思，用徐缓的语调说："是的，襄子是一位懂得谦让的人。那件事之后，他立刻让出自己的座位，反而向我拜礼。以他那样的天赋与心智，如果能再活几年，一定会成为名闻古今的人物哩。"

短暂的沉默之后，孔子环视了一下叔鱼、子木、子旗、子羔等几个年龄四十岁左右的弟子，继续开口说道：

"三十岁到四十岁这个阶段，如今回想起来，可以说是我精神上最苦闷的时期。三十岁的时候，我已经被世人推崇为礼乐的权威，许多贵族子弟都来跟我学习，自然容易产生自满的心理。然而，另一方面，我却觉得过去的所学，不过是一些极平常的揖让等知识，而不是有深刻思想的真正的学问，这使我感到很不安。虽然直到今天，我一直不断地鞭策自己，始终保持着不走入歧途，然而当时的我，总是事事觉得迷惘，尝过不少苦头。有时候，遇到一个小小的问题，也会犹豫三四天才会下定决心。并且，到了开始实行的时候，还要顾东顾西的，处理一件事情，总不能做到药到病除。现在回想起来，那种徘徊不定的样子实在太可笑了。推其原因，还是在生活中对道的认识和把握不够透熟、精深。可是，过了四十岁以后，几乎不再有这种迷惑，无论做什么，都能够做到果断行事。"

"老师到周都洛阳的时候是多大年龄？"一个弟子问。

"我记得是三十五岁。那可以说是我这辈子感触最深的事情之一，在明堂看见尧、舜与桀、纣的肖像时，我的内心涌起无可名状的复杂感觉。"

"您见老子不也是这个时期吗？"

"嗯，我已经对大家讲过好几次了，老子具有蛟龙一般的神秘与玄奥。虽然对他的人生态度我不能完全同意，然而，他与天地同生的心境，自然而且深奥，使我深深地受到感动。他告诫我说，'良贾深藏如空，君子盛德貌若愚'。并且，他还教诲我要摈弃骄气、多欲、好色与淫逸。至今我还感谢他，用这样恳切适当的话教诲了年轻的我。我所以能够把我的学问，从头贯注于心，从心贯彻于行，并且在实践中遵循自然的规律，一心一意地努力向前，也是得益于老子思想的影响。"

弟子们私下一直以为，老子与孔子于学问上是势不两立的劲敌，现在孔子竟然极言赞美老子，使他们有点儿莫名其妙，一时无所适从。

"但是——"孔子的声音突然急促起来，"当时也有许多可厌的事——鲁国的政治动荡不安，鲁昭公被季氏放逐到齐国也就是这个时期。我也为避难而逃往齐国，在经过泰山山麓的时候，我见到一个号啕大哭的妇人。我问她为什么哭得这么悲痛，她回答说，她的公公、丈夫以及儿子都被老虎吃掉了。我说：'既然如此，为什么还要住在这么可怕的深山里？'她的回答令人非常震惊，她说：'因为此地没有苛酷的政令啊！'看来，苛政真的比老虎还要可怕哩！我深深地感到，自己应该担负起上天赋予的使命；政治理想不该只是书斋里的空论。尽管老子笑我有骄气，责备我多欲，然而在现实社会里，如果想要实现先王之道，非掌握政治上的实权不可。我总是这样想哩。可是，尽管如此，若是连个人修养也不能完善，那还有什么好说的呢？所以一直到四十岁，我竭尽全力增进自己的修养，使我不再有所迷惑。"

"在齐国，您有没有参与国政？"一个年轻的弟子问。

"齐景公是一个缺乏能力而且意志薄弱的懦夫，加上权臣从中破坏，结果，我在齐国一事无成。"

"老师向齐景公谏言过吗？"

"他向我询问治国的道理，我回答说：君臣父子应该遵守自己的本分，这是首先必须做到的事。当时，齐国朝廷权臣之间，连这一点基本的道德都荒废了，哪里谈得上更高深的政治道理呢？"

"那么景公怎么回答？"

"他说：'善哉！信如君不君，臣不臣，父不父，子不子，虽有粟，吾得而食诸？'当时齐国朝纲不修，大夫陈氏擅自专权，又因许多宠姬相争，景公不能确立太子。其君臣父子之间，失去伦理纲常，我实在不能有所作为。"

"老师真正参与政治，是在鲁国吧？"

"是啊，鲁国是我参与政治的，同时也是终点哩。可是当时我已年过五十，已经能够清楚地知晓天命了。所以我能根据我的信念，毫无迟疑地处理政事。我从中都宰做到司空，再从司空升到大司寇，在我六七年的政治生涯里，我做了很多事，如今回头审视一下，我自信没有做错什么。天命是永远不会改变的，任何事物都不能动摇它，如果能够把千古不易的天命运用于管理政务上面，那还会有什么忧戚与不安呢？功名利禄更不足道哩。但是——"说到这里孔子略微停顿了一下，改用沉痛的语调说道，"与永恒不易之天理合一的信念，对于这种天命，如果你持有却不能忘怀于心，那说明你的造诣还不是最圆熟的。想起当年，我处理政事，好像还有不够圆通的地方。鲁定公虽然起用了我，却逐渐对我敬而远之，终于因为齐国的诱惑和季氏的诡计而导致朝纲败坏，这时我才发现自己在政治上还有所欠缺。真正的信念出于自然、不需要任何意识与自觉，当信念和自己的行动合而为一的时候，始能达到圆熟的境界。这是我离开鲁国，在周游列国的旅途中，才渐渐体会到的。"

孔子停了片刻，略微调整一下思绪，继续讲下去："我从五十岁起开始研究易理，而我真正开始了解易理，也是在周游列国的时候。天、地、人，过去、现在、未来，这些都浑然交错，织成了一块壮丽的布帛。体会到易理的真谛，才能了解天意，才能把自己置诸天理之中。在这种天人合一的境界，眼睛所见，耳朵所听，不会发生丝毫偏差；是非善恶，一切都实实在在地映照于心。这种境地，我把它叫作耳顺之境地。也就是说，在这种境地里，没有任何成见，能够自由自在地与天地万物交流。我能够体会到这种境地，已经是六十岁的时候了。"

　　弟子们颇为吃力地听着，对孔子讲述的道理，他们大多只能领悟其中一二。同时他们感到，孔子的思想，如同头顶的苍穹，可望而不可即。他们之中有人想起，往日颜回还活着的时候，有一天他喟然叹息着说："仰之弥高，钻之弥坚，瞻之在前，忽焉在后。夫子循循然善诱人，博我以文，约我以礼。欲罢不能，既竭吾才；如有所立，卓尔；虽欲从之，末由也已！我竭尽全部精力去学习它，好不容易才发现了老师的仁道的本体，可是，到了要把握它的时候，却不能做到。老师的道，真是可望而不可即啊！"

　　"但是——"孔子接下去说道，"这种知天命的心境，如不再更进一步探求它，还不足以称为有用的道理。这种心境只不过是一种自我观照。仙人或隐士之中，修炼到这种心境的不在少数。单是这样的境界，我还是不会满足的。磨得顶亮的镜子，可以照出各种东西的形状，然而镜中的影子，毕竟是虚幻的。同样的道理，虽然能够正确地反映天地万象，却仅仅停留在静观的层次，这样的所见和死物有什么不同呢？真理被纳入行为的世界始能称为有生命的真理。我这样想着，从此更加不屈不挠地探求它，我越努力探求它，越为人类行为的复杂莫解而感到惊讶。我刚才说过四十而不惑，当然我在行为的根本原则方面已经没有困惑了；我又说五十而知天命，的确，五十岁之后，我未曾从根底上违背我的天命。可是，在未达到耳顺之境地之前，我的行为的尺度好像还不是很精密。虽然同为一尺之长度，可是一尺里面的一寸一分的尺度，难免混进了我的主观。结果，因为私心的作祟，我肆意决定了一寸一分的标准。我的终极目标没有错误，并且，我所遵循的路线也是正确的，但是，我迈出的每一步难免有肆意与过失之处。我认为，如果老是这样是不对的，这样的话就和那些为了孝敬父母而做小偷的人，没有多大的差别。因此我更加严格地要求自己，经过不懈的努力，终于达到从心所欲不逾矩的境地。也就是说，按照自己的愿望去行动，却不违背客观的尺度。这时我已经七十岁了，能够安详自在地生活于这个世界，就是从此之后的事了。"

> 子曰："吾十有五而志于学，三十而立，四十而不惑，五十而知天命，六十而耳顺，七十而从心所欲，不逾矩。"（《论语·为政》）

孔子说完闭上眼睛。山岚的呼啸穿过树梢，消逝于远处的山谷间。风的啸叫，也激起孔子对过去历程的回忆。在他心里浮现出一个不求神秘，不盼奇迹，只靠自己的力量，一步一步地，沿着正道前进的完美的修行者的影子，这个影子渐渐高大，终于与自己合而为一。他认为自己所达到的境地，只要有坚定的信心，任何人都可以达到。这样想着，孔子感到无限的喜悦。

"现在无论什么人要追随我，我都不会再有丝毫的不安。因为我的言论都经过了实践的验证。不，应该说是，首先经过了实践，我才发表言论的。"

在这样数番探询自己的心灵，确信没有什么不安之后，孔子站起身来，举目仰望头顶的苍穹。天还是无边无际的苍蓝，而泰山的石头，牢固地支撑着他的双脚。弟子们仍然在默默领会着，不断地咀嚼回味，将孔子的教诲深深印入心底，久久没有一个人说话。

孔子把目光转向弟子们。望着这些年轻而有朝气的面孔，孔子忽然想到与他们的永远别离。想到在他们之中，也许没有一个人真正理解他的思想，一股空虚感袭进他孤寂的心灵，孔子不禁自言自语道：

"哦，没有人了解我！"

子贡听到这句话，急匆匆走到孔子面前，诘问似的说："老师为什么这样说呢？难道老师的大道，没有人了解吗？"

然而，孔子并没有理会他，依然自言自语地说："我既不怨天，也不尤人，我只是依照自己的信念，像从泰山山脚爬到山顶一样，从低处一步一步往高处爬，我的心，只有上苍了解!"

子贡面露不悦之色，他想还嘴辩驳。可是，孔子直瞪着他，严厉地说:"子贡，你明白了吗? 我的道，只是这些。"

子贡吃了一惊，老老实实地闭了嘴。

据传说，孔子离开泰山回到家里之后，为纪念经典编纂工作的完成，举行了一次小型祭典。在祭典仪式中孔子对众弟子说:"作为老师的我，所担负的任务如今完毕了。今后我不再是你们的老师，而只是你们的朋友哩!"

孔子放下他毕生的事业，是在他七十三岁的那个春天。逝世前七日，他流着眼泪，唱了下面这一首歌:

泰山其颓乎!

梁木其坏乎!

哲人其萎乎!

# 附录一 相关人物介绍

## 子 贡

姓端木名赐，字子贡，卫国人，比孔子小 31 岁。子贡利口巧辞，长于外交，经常在各国间做使臣，协调各国的政治和军事，成功化解了各国间的政治纠纷与军事危机。后来司马迁评价他说，"子贡一出，十年之中，五国各有变"，原本岌岌可危的鲁国因之而得以保全，原本野心勃勃的吴国被消灭，善修文治的晋国与越国因之而强盛起来，齐国政局也发生了很大变化。他的这些外交事业，《史记》中有较详细的记载和很高的评价。后来子贡舍政从商，成为当时中原地区的头号富商。

## 子 路

姓仲名由，卞人，子路是他的字，比孔子小 9 岁，大概出身于乡野

之间，所以后人说他是"卞之野人"。子路个性直率、好勇力，但受了孔子教育后，成为一代大儒。他先是在季氏家做家臣，后曾到蒲国做大夫，最后又给卫国大夫孔悝做邑宰。在邑宰任上，因卫国发生动乱而丧命。临死前，子路说"君子死而冠不免"，将衣冠整肃一齐，才让敌人将他杀死。

# 颜　回

鲁国人，字子渊，比孔子小 30 岁。孔子的许多弟子，在当时都是地位非常高的名流，有富商也有高官，但孔子独独特别推崇穷窘屡空、生事艰困的颜回，说他能"一箪食，一瓢饮，在陋巷，人不堪其忧，回也不改其乐"。颜回 29 岁头发就全白了，32 岁就早早过世，这令孔子不胜伤心。当鲁哀公后来问起孔子的弟子谁最好学时，孔子更是痛心，回答说："有颜回者好学……不幸短命，死矣，今也则无。"《易经》中说他能"有不善，未尝不知；知之，未尝复行"，充分体现了颜回的心地功夫。

# 宰　予

亦名宰我，字子我，鲁人。孔子将其学生分成四门：德行、言语、政事、文学。言语门中，宰予居其首。但正如大众所周知的那样，除去此一记载而外，在《论语》等经典著作中，对宰予的记载是有着明显的贬义倾向的。举三事为例：一、宰予提出为父母守孝三年时间太久，既影响个人发展，也破坏社会生产力。孔子听后批评说：宰予可真是够"不仁"的了；二、宰予在大白天睡懒觉，孔子批评以"朽木不可雕也"，已近乎人格侮辱的言论；三、宰予问五帝之德，孔子直接给了他一个"钉子"吃，说"你不配问这个问题"。类似的记载还有不少，实在是千秋公案之所在处。至于孔子为什么要把一个一无是处的人置于言语门首位，最善良的解释是：孔子曾说要"不因其人而废其言"，不能因为一个人德行和其他方面的不足就否定他言语或某一方面的长处。所以孔子把"不肖门徒"宰予放在"四门"居其次的"言语科"的首要位置，正是体现了他"不因其人而废其言"的做事原则。

# 子 夏

姓卜名商，卫国人，比孔子小 44 岁。子夏是对后世儒家影响极深的一人。距孔子身后不久的孟子就看到了这一点。《孟子·公孙丑》中指出：在孔门诸生中，子夏与曾参各传其学，已渐渐开出两番风气。子夏强调道在日用中，应从洒扫、应对中求道；曾参则只在心上下工夫。这一区别，实则不唯在春秋战国时期的儒者中开出两番风气，更使后世诸儒推崇不同，从而形成了"心学"、"理学"二大门派。

# 子 游

姓言名偃，吴国人，比孔子小45岁。吴地民众的性格，古今区别颇大，这是东汉以后长达数百年的时间里不断有各地民众向那里移民的结果。在此之前，吴地是以民风耿介、不惧权威而出名的。子游在武城做地方官时就曾发生过一桩顶撞老师的轶事。

当时孔子路过武城，见子游让当地民众习雅乐之教，不禁莞尔而笑，说："宰鸡焉用牛刀？"子游当即回答："过去老师不是曾经教导我们说真正的礼乐文明之道是无论君子、小人都该学的吗？"孔子听了，连忙向学生认错，并对跟从的人说："我刚才说错了。子游讲得对啊！"

# 子 贱

姓宓，名不齐，字子贱，鲁国人，比孔子小30岁。汉代大儒伏生就是他的后人。

# 冉 求

鲁国人，字子有，比孔子小29岁。在孔门诸生中，冉求是才智颇高的一位。当时有人问孔子："冉求仁乎？"孔子说，让冉求治理一个中等偏上程度的邦国，那是毫无问题的，但至于他是否能做到"仁"，那就不知道了。

这说明，孔子对门生的要求是很高的。能够达到冉求的水平，在当时各国间已是极难得的人才了，但孔子的要求却更高。

# 子 张

陈国人。比孔子小 48 岁。有关子张最有趣的一段记载在《论语·为政》中，大意是，子张请教谋求升官发财的方法，孔子说："要多听，有怀疑的地方要避开，其余有把握的地方，谨慎地说出来，就能少犯错误；要多看，有危险的事情要避开，其余有把握的事情，谨慎地去做，就能少后悔。说话少犯错误，做事减少后悔。升官发财的窍诀，就在其中了。"

谁说孔子不懂得为官之道？这段话几乎成了两千多年来许多中国人官场、生意场……各种场，甚至感情场上的攻关秘籍，虽不敢说攻无不克、战无不胜，倒也能十拿九稳，并在国际化交流频繁的今天，使中国人的个人竞争力显得特别出众。

# 附录二 孔子生平大事年表

鲁襄公二十二年　（公元前551年）孔子生于鲁鄹邑昌平乡，其父叔梁纥为鄹邑大夫。

鲁襄公二十四年　孔子年三岁。父叔梁纥卒。不久，母子迁居鲁都阙里。

鲁昭公七年　孔子年十七岁。孔子母死。

鲁昭公九年　孔子年十九岁。娶宋亓官氏为妻。

鲁昭公十年　孔子年二十岁。生子鲤，字伯鱼。

鲁昭公十七年　孔子年二十七岁。郯子来朝，孔子见之，学古官名。其为鲁之委吏乘田，当在前。

鲁昭公二十年　孔子自谓"三十而立"。孔子初入鲁太庙当在前。琴张从游，当在此时，或稍前。孔子从此时起授徒设教。颜无繇、仲由、曾点、冉伯牛、闵损、冉求、仲弓、颜回、高柴、公西赤诸人先后从学。

鲁昭公二十四年　孔子年三十四岁。鲁孟僖子卒，遗命其二子孟懿子及南宫敬叔师事孔子学礼。孔子赴洛邑，问礼于老聃。观明堂，入厉穆庙，广泛学习。

鲁昭公二十五年　孔子年三十五岁。鲁三家共攻昭公，昭公奔于齐。

孔子亦以是年适齐。

| | |
|---|---|
| 鲁昭公二十六年 | 孔子年三十六岁。在齐，与齐太师语乐。闻《韶乐》，"三月不知肉味"。齐景公问政，欲以尼谿之田封孔子。 |
| 鲁昭公二十七年 | 孔子年三十七岁。齐大臣晏婴等阻封孔子田。孔子离齐返鲁。 |
| 鲁定公五年 | 孔子年四十七岁。鲁阳货执季桓子。阳货欲见孔子，当在此后。 |
| 鲁定公八年 | 孔子年五十岁。鲁三家攻阳货，阳货奔阳关。是年，公山弗扰召孔子。 |
| 鲁定公九年 | 孔子年五十一岁。鲁阳货奔齐。孔子始出仕，为鲁中都宰。 |
| 鲁定公十年 | 孔子年五十二岁。任鲁司空，后升大司寇。鲁定公与齐景公会于夹谷，孔子摄行相事。 |
| 鲁定公十二年 | 孔子年五十四岁。鲁听孔子主张堕三都。堕郈，堕费，又堕成，弗克。孔子堕三都之主张遂陷停顿。 |
| 鲁定公十三年 | 孔子年五十五岁。去鲁适卫。卫人端木赐从游。 |
| 鲁定公十四年 | 孔子年五十六岁。去卫过匡。晋佛肸来召，孔子欲往，不果，重返卫。 |
| 鲁定公十五年 | 孔子年五十七岁。始见卫灵公，出仕卫，见卫灵公夫人南子。 |
| 鲁哀公元年 | 孔子年五十八岁。卫灵公问陈，当在今年或明年，孔子遂辞卫仕。其去卫，当在明年。 |
| 鲁哀公二年 | 孔子年五十九岁。卫灵公卒，孔子在其卒之前或 |

后去卫。

鲁哀公三年　　　孔子年六十岁。孔子由卫适曹又适宋，宋司马桓魋欲杀之，孔子微服去，适陈。遂仕于陈。

鲁哀公六年　　　孔子年六十三。吴伐陈，孔子去陈。绝粮于陈、蔡之间，遂适蔡，见楚叶公。又自叶返陈，自陈返卫。

鲁哀公七年　　　孔子年六十四岁。再仕于卫，时为卫出公四年。

鲁哀公十一年　　孔子年六十八岁。鲁季康子召孔子，孔子返鲁。自其去鲁适卫，先后凡十四年而重返鲁。删诗书，订礼乐，作《春秋》，教弟子先后三千人，身通六艺者七十余人。

鲁哀公十二年　　孔子年六十九岁。子孔鲤卒。

鲁哀公十四年　　孔子年七十一岁。颜回卒。齐陈恒弑其君，孔子请讨之，鲁君臣不从。是年，鲁西狩获麟，孔子《春秋》绝笔。

鲁哀公十五年　　孔子年七十二岁。仲由死于卫国内乱。

鲁哀公十六年　　（公元前479年）孔子年七十三岁，卒。葬于鲁城（曲阜）北泗上。